论人口自然结构变动对城市家庭旅游消费的影响

——以吉林省为例

刘雪松／著

吉林大学出版社

·长春·

图书在版编目（CIP）数据

论人口自然结构变动对城市家庭旅游消费的影响：以吉林省为例 / 刘雪松著. -- 长春 : 吉林大学出版社, 2020.8
ISBN 978-7-5692-7021-1

Ⅰ.①论… Ⅱ.①刘… Ⅲ.①人口构成—影响—旅游消费—研究—吉林 Ⅳ.①C924.24②F592.734

中国版本图书馆CIP数据核字(2020)第168641号

书　　名：论人口自然结构变动对城市家庭旅游消费的影响——以吉林省为例
　　　　　LUN RENKOU ZIRAN JIEGOU BIANDONG DUI CHENGSHI JIATING LÜYOU XIAOFEI DE YINGXIANG
　　　　　——YI JILIN SHENG WEI LI

作　　者：刘雪松　著
策划编辑：刘　佳
责任编辑：刘　佳
责任校对：李潇潇
装帧设计：刘　瑜
出版发行：吉林大学出版社
社　　址：长春市人民大街4059号
邮政编码：130021
发行电话：0431-89580028/29/21
网　　址：http://www.jlup.com.cn
电子邮箱：jdcbs@jlu.edu.cn
印　　刷：吉广控股有限公司
开　　本：787mm×1092mm　　1/16
印　　张：12.75
字　　数：160千字
版　　次：2021年7月　第1版
印　　次：2021年7月　第1次
书　　号：ISBN 978-7-5692-7021-1
定　　价：66.00元

前　言

　　人口结构与居民消费有着密切的联系，人口结构变动必然通过中介变量最终影响到城市家庭旅游消费。人口结构分为自然结构、地域结构和社会结构。人口结构变动对城市家庭旅游消费的影响是多层次、多维度的。本书以吉林省为例，系统探究影响城市家庭旅游消费的人口自然结构因素，无论是在理论层面还是在现实方面都有着重要的意义。这不仅能够让我们全面了解吉林省人口老龄化和人口性别比对城市家庭旅游消费的影响，还能了解吉林省旅游产业如何应对人口老龄化和满足不同性别的"差异化"需求，促进吉林省旅游市场和人口的共赢发展，进而带动吉林省调整经济结构，实现经济转型增长。

　　通过梳理国内外文献，发现研究人口结构变动对经济发展影响的文献比较多，众多学者认为人口结构变动所引发的劳动力市场效应、人力资本投资效应、储蓄率效应等都会对经济增长产生直接或间接的影响。但是国内学者对人口自然结构变动对城市家庭旅游消费的研究还相对不足，特别是从实证角度深入研究的相关文献不是很多。本书在借鉴国内外文献的基础上，集中分析了人口自然结构对城市家庭旅游消费的影响，结合对吉林省长春市和吉林市的问卷调查数据，得出本书的研究结论。

　　首先，从一般意义上来看，人是消费的主体，人口自然结构的变动与城市家庭旅游消费的发展具有高度的正相关关系，这不仅影响着城市家庭旅游的消费结构还影响城市家庭旅游的消费水平。因此，本书在阐述人口结构分类的基础上，分析了城市家庭消费的内涵及影响因素，并从两者的逻辑关系进行分析，探讨人口的自然结构特别是人口的年龄结构和性别结构等是如何决定城市家庭旅游消费结构的。

其次，从吉林省的实际出发，研究吉林省人口自然结构的变动与城市家庭旅游消费状况之间的联系。本书从总体上概括了吉林省城市家庭旅游消费的现状及特征，详细分析了不同类型的城市家庭旅游消费所呈现出来的不同特点，并就人口年龄结构和人口性别结构对城市家庭旅游消费的影响做了阐述。因为本书主要着眼于结构的研究，而结构研究需要数据的相对稳定性，因此，鉴于调查数据的获取时间和分析的稳定性，本书主要以2010—2015年的人口变动为依据，对这5年之内的人口自然结构与城市家庭消费结构的关系进行分析。

在人口老龄化对城市家庭旅游消费的影响方面，本书从老年人口的生理和心理特征出发，分析了老年人口的旅游消费特点、旅游消费倾向。同时以吉林省为样本，结合问卷调查数据，分析了吉林省人口老龄化的变动情况、变动特点、变动趋势和变动后果，详细探讨了人口老龄化对吉林省城市家庭旅游消费的影响。

在人口性别比对城市家庭旅游消费的影响方面，本书从性别与旅游的关系出发，阐述了旅游消费过程中男女性别的"差异化"。在描述了吉林省人口性别比变动及变动后果的基础上，详细探讨了吉林省城市家庭旅游消费的性别差异特征及其所带来的影响。

最后，本书提出关于人口自然结构变动对城市家庭旅游消费影响的思考。从城市家庭旅游消费的需求和供给两个方面出发，以吉林省人口自然结构变动为视角，本书就吉林省如何实现人口老龄化、性别比平衡与旅游产业同步发展等问题，提出了相关政策建议。

刘雪松

2019年12月09日

目 录

绪　论

　　作为社会化生产的主体，人口对经济发展的影响一直受到政府和学界的广泛关注。计划生育政策实施30多年来，使我国的人口自然结构发生了显著变动，对经济增长有利的人口自然结构（人口红利）拉动了国民经济的持续快速增长。然而，随着近几年人口自然结构的变动，老龄人口比重的增加，劳动年龄人口比重的下降，人口性别比的失衡，传统意义上的人口红利的优势也将逐渐消失，必将对我国未来的经济增长产生影响。

　　人口既是生产的主体，又是消费的主体，既决定消费总量又是消费结构升级的关键因素，因此，人口自然结构与消费有着密切的联系，人口自然结构的变动会直接对消费产生重大影响。当前，制约我国经济增长的主要原因是有效需求不足，国家在第十二个五年规划中也特别强调了扩大内需的重要性，如何进一步挖掘经济发展的潜力，需要我们清楚地认识到我国居民的消费情况和人口自然结构变动，根据人口自然结构的变动和消费特征制定经济发展政策。

1　选题背景及研究意义

1.1　选题背景

我国改革开放以来，经济呈阶梯式高速增长，引起了世界范围的广泛关注，投资和出口拉动在经济增长过程中起到了关键的作用。伴随经济的高速增长，国家层面也在不断探索适合国情的经济发展方式。"十一五"规划把转变经济增长方式作为战略重点，重要战略部署是走自主创新之路，这是对2007年全球金融危机过后的反思。"十二五"规划在人口结构转变和经济发展的新阶段背景下提出了转变经济发展方式，坚持扩大内需战略。这是同我国现阶段社会发展相适应的新的发展模式。"十三五"规划的主线是供给侧结构性改革，推动消费需求升级，实际上是强化了扩大内需的基础。扩大内需战略实质是要求扩大消费需求，由投资拉动向消费拉动的消费主导型经济转变。实现经济增长向消费主导型转变，需要关注作为消费主体的人口的变动，尤其需要关注人口自然结构的变动。从经济学的观点来看，人口既是消费的起点，又是消费的终点。人口对消费的决定作用一方面体现在人口规模是影响消费规模的重要因素；另一方面，人口结构决定消费结构，人口结构的变动决定消费结构的变动。目前人口红利的优势逐年下降，人们的消费偏好、消费需求和消费结构势必发生相应的变动，客观上要求升级消费结构。消费结构是反映人们各类消费支出在消费总支出所占的比重，消费类型按需要划分为基本生存消费、发展消费、享受消费三个方面。消费结构升级是消费类型向更高级的转变，即由维持个人和家庭的消费向提高自身文化素质、陶冶情操、发展智力和体力的发展消费和享受消费方向转变。作为消费的重要组成部分，旅游消费在国民经济中的地位日益凸显，在扩大内需和经济结构调整过程中发挥着重要的战略作用。旅游消费是人们在基本生活需要得到保障之后而产生的高层次的消费需求。旅游消费的发展不仅符合消费结构升级的要求，而且也缓解了投资乏力，外需不振给经济发展带来的压力。因此，有必要探讨人口自然结构变动和旅游消费的关系问题。特别是目前我国正处于人口自然结构性变动的拐点时期，在这样的背景下研究这个问题尤其重要。

1.2　研究意义

1.2.1　有助于国家制定合理的经济政策和消费政策

人口与经济发展有着内在的、本质的联系，适度的人口规模、合理的人口结构与分布对于建设和谐社会具有举足轻重的作用。从某种意义上来说，人口规模是经济社会发展的前提。分析我国当前人口自然结构变动的情况，有助于全面把握人口自然结构变动的客观形势，从而制定合理的经济政策和消费政策。改革开放40多年来，中国经济之所以保持较高的增长速度，其中很重要的原因是与充沛的劳动力有关。作为影响经济社会发展的最基本因素，人口因素无论在总量上，还是在结构上一旦发生趋势性的改变，相应的经济社会政策就需要调整。因此，人口结构问题通常被看作是一个中长期主题。近年来，随着我国人口自然结构的不断变动，老龄人口持续增加，人口老龄化速度越来越快，适龄劳动力人口比重逐年下降，人口红利的优势正在逐步减退，加之房地产泡沫的破灭、"中等收入陷阱"的困扰、通货膨胀问题的加剧与人口自然

结构变动所带来的压力不无直接关系，人口自然结构的动态变动已经成
为政府制定宏观政策必须要考虑的问题。

1.2.2 　有助于指导未来消费市场的发展方向

不同年龄的消费者具有不同的消费特征，因此，人口自然结构的
变动将显著改变各类消费品的需求，从而影响消费市场的走向。分析人
口自然结构变动对消费结构的影响，有利于指导未来消费市场的发展方
向，及时调整消费结构。人口自然结构的变动会引起诸多方面的转变，
以往的研究集中于对经济增长、金融市场、能源消耗以及养老保障制度
等的影响，对消费结构，特别是家庭旅游消费结构的影响研究尚不多
见，因此，构建相关的理论分析框架十分重要，一方面，可以丰富国内
现有的研究成果，另一方面，可以准确把握旅游消费问题在经济增长中
的重要性，有助于引导城市居民消费结构的优化、调整和升级。

1.2.3 　有助于促进消费结构转型

随着我国经济发展进入全面建设小康社会新阶段，居民消费开始
步入新的周期，人们的消费观念、消费方式和内容以及消费品市场的供
求关系都将发生一系列的变动，居民消费将从重视生活水平的提高向重
视生活质量的提高转变，从追求物质消费向追求精神消费和服务消费转
变，从满足基本生存享受需要向追求人的自由全面发展转变，消费结构
的转型已成为必然趋势。正是基于这样的趋势，2000年九届人大三次会
议在《政府工作报告》中多次提到了"积极发展旅游消费"①，期望通
过旅游消费这一新增长点的快速发展促进消费结构的升级。消费结构是

---

① 《旅游时报》2000.3.12

衡量消费水平的重要标准。消费结构的变动反映了消费质量和档次的变动，也体现了消费观念、消费文化和消费模式。消费结构是由消费行为来决定的，而不同人口特征的消费者其行为上存在着差异。一般来说，人口总量的变动对消费的影响主要体现在宏观层面上，人口自然结构的变动对消费的影响更多体现在微观层面。分析人口自然结构变动对消费的影响，有利于促进消费结构的转型，在未来的发展道路上做到未雨绸缪，积极应对人口自然结构的变动对我国未来经济可持续发展带来的挑战。

2　国内外研究综述

人口结构和经济发展之间关系的研究始于20世纪90年代，为深层次认识和把握人口转变以及人口与经济发展的关系开辟了一个新的研究视角。从世界范围看，真正将这一问题纳入学者研究视野的是来源于20世纪70年代的"东亚奇迹"。以往的研究仅局限于人口总量和人口增长率与经济发展的关系，当西方国家过早进入老年型社会，经济增长日益疲软的时候，东亚国家正经历着快速的人口转变，享受着人口转变带来的人口红利机会。日本和亚洲"四小龙"正是抓住了这次难得的历史机遇，通过制定和运用合理的发展战略和经济政策，成功地实现了经济起飞。"东亚奇迹"是20世纪60年代以后，东亚各国追赶发达国家的成功事例，进而促成了世界范围的关于人口转变和经济发展关系的广泛研究。同国外相比，我国在相关领域的研究要晚得多，直到20世纪90年代末，随着我国人口老龄化趋势的加快，劳动年龄人口占比下降，人口年龄结构的变动对经济增长的影响问题才逐渐受到政府相关部门和学者的重视。近十多年来，学者们主要从人口结构变动对储蓄、投资、进出口贸易、政府公共支出以及国际资本流动的影响等方面展开了一系列的研究并积累了丰富的研究成果。近几年，受国家规划政策导向的影响，学者们对人口红利效应和消费结构也进行了深入的探索和分析。本书在学者的研究成果基础上从五个层面进行综述。

2.1 人口自然结构变动研究状况

作为社会的重要资源，人口问题很早就引起了学者的关注。对人口问题的研究影响最大的恐怕就是马尔萨斯的《人口论》和洪亮吉的《治平篇》了。19世纪初（1803），英国人马尔萨斯发表了著名的《人口论》，他认为人口的增殖力比粮食生产更强大，人口呈"1-2-4-8……"的几何级数增长，而粮食生产是按照"1-2-3-4……"的自然级数增长。人口增长必然会超过生活资料的增长，导致供求关系失衡，产生贫困和罪恶。马尔萨斯对人口问题的担忧实质是人口的过快繁衍与经济发展之间的矛盾。事实上，早在马尔萨斯提出《人口论》之前，我国清朝翰林编修洪亮吉在他的《治平篇》中已经提到了人口无序增长的严重性，《治平篇》以一家为例，对从高祖、曾祖一直到曾孙、玄孙几代的人口繁衍和生计安排情况进行了精细的计算，最后提出为老百姓忧虑的原因即为："……一人之居以供十人已不足，何况供百人乎？一人之食以供十人已不足，何况供百人乎？此吾所以为治平之民虑也。"洪亮吉和马尔萨斯都提到了人口增长可能会带来的严重后果，而且他们的结论都是十分悲观的。1918年北京大学经济系讲师、北京盐务稽核总所翻译陈长蘅先生发表了《中国人口论》，这本书被称为首部采用统计图表及比较研究方法研究中国人口问题的专著。陈长蘅认为，经济问题迟早会演变为人口问题，应该采用欧美各国以节育和优生为主要内容的"生育革命"。主张由国家干预、各专门机构宣传优生知识、推广"自然节育法"，达到节制生育的目的。

中华人民共和国成立后，关于人口问题最重要的著作要数时任北京大学校长的马寅初发表的《新人口论》，《新人口论》在马尔萨斯研究的基础上，计算了中华人民共和国四年来的人口增殖，认为人口增长过快，势必会引起一系列的社会矛盾。这与当时"以阶级斗争为纲"的政治背景是不相容的，因此，《新人口论》一发表就遭到了严厉的批判。直到1979年7月，《光明日报》撰文肯定了马寅初的《新人口论》是正确的，同年9月北京大学才正式为马寅初平反。马寅初的《新人口论》直接影响了中国后来推行的计划生育政策，在这一点上，马寅初功不可没。

近年来，对人口结构进行系统研究的学者主要有刘长茂、马洪和孙尚清等。刘长茂在1991年编写了《人口结构学》一书，他在书中根据不同的标识，将人口结构分成人口自然结构、人口社会结构、人口经济结构和人口地域结构等四种类型，建立了科学的人口体系。并对人口与社会、经济的影响进行了深入阐述。他认为人口结构对人口再生产和人口发展有重要影响，对国民经济发展也有重要作用，地区人口结构的变动会影响到经济、社会、资源和环境的协调发展，进而影响全面建设小康社会的进程。马洪和孙尚清主编的《中国人口结构研究》将人口结构按年龄、性别、家庭、民族、地区、城乡、经济活动人口与非经济活动人口、职业、劳动人口群之间的收入分配、消费、智力和经济12个方面进行分类，其研究内容与刘长茂相比并没有实质性的突破。值得一提的是陈树德在《社会科学论坛》杂志上发表了比较有原创性的文章"人口结构定律及其应用"。文章根据中国计划生育的实践经验，创造性地构建了人口结构模型，并将之称为"人口结构定律"[①]。他从"人口结构定律"的产生、过渡期的人口结构、人口结构定理的应用、"一胎"的利与弊、考虑寿命因素的人口结构和人口生育、"刘易斯拐点"和计划生育六个方面阐述了人口结构定律的发现、建立和应用过程。文章的主要贡献是创建了一系列的"人口结构模型"及"人口结构过渡图"；验证了目前人口结构处于相对均衡时期；建立了"人口结构定理"。

　　总而言之，有关人口结构的研究在国内越来越系统化、完整化，研究的深度和广度都有不同程度的提高，尚缺乏的是从系统人口自然结构角度对某一区域城市人口自然结构的实证研究以及在人口自然结构转变的背景下，某一区域人口自然结构动态变动趋势的研究。

2.2　旅游消费研究状况

　　旅游消费是满足人们精神享乐的一种高层次的消费活动。它是指人们在旅游的过程中，通过购买旅游产品来满足个人享受和发展的需要的行为活动。近年来，受国家宏观政策的影响，旅游消费开始持续升温，同时也刺激了对旅游消费的研究。国外对旅游消费的研究有100多年的历史，纵观国外的研究成果，深入、系统地研究旅游消费理论的专著还不多见，多数成果都是以专题的形式附带在主要研究成果中。意大利学者为早期的旅游消费研究做出了突出的贡献。意大利政府统计局的博迪奥（L.Bodio）在1899年发表了《外国人在意大利的移动及其花费》，书中研究了游客在意大利的消费情况，为旅游现象赋予了经济含

①陈树德.人口结构定律及其应用[J].社会科学论坛，2011（09）：176-193.

义，可以看作是最早研究旅游消费的研究文献。20世纪50年代以后，国外学者开始运用科学的研究方法对旅游消费需求进行模拟和预测。国外对旅游消费需求的研究方法主要有定量和定性两种预测形式。华东师范大学丁忆博士在其博士论文《中国国内旅游消费理论与实证研究》中对国外学者研究旅游消费的方法做了总结分析。他认为国外对旅游消费的研究主要为定性研究和定量研究[①]两大阵营。定性研究方法主要以德尔菲法（Delphi Method）为主，即"用各个专家组的聚思以预测未来需求"的方式。定性分析方法包括因果分析法（Causal Methods）和时间序列法（Time-Series Methods），如Bruce Prideaux，Eric Laws和Bill Faulkner（2003）以印度尼西亚为例，采用定性的研究方法分析和论述了灾害发生情况下旅游消费需求预测，并对潜在的风险因素（趋势、危机、灾难、政府结构、社会组织和经济结构的变动）对旅游消费的影响进行了估计[②]。定量研究方法主要以具有因果关系的计量经济学方法、不具有因果关系的时间序列法以及人工智能法为主。计量经济学方法和时间序列法是相对传统的定量研究方法，计量经济学主要关注于旅游需求发生的原因，时间序列法主要关注于研究需求曲线的形态特征。人工智能法是新兴的定量计算模型，包括遗传计算法则，模糊逻辑学，人工神经网络等，如应用人工神经网络模型可以模拟国际入境旅游需求，并对将来的需求进行预测。

旅游需求研究方法作为西方最重要和最基本的研究内容，受到学者广泛关注。除此之外，旅游消费的拓展研究也蓬勃发展起来。按照丁

①丁忆.中国国内旅游消费理论与实证研究[D].华东师范大学，2011.

②Bruce Prideaux, Eric Laws, Bill Faulkner.Events in Indonesia: exploring the limits to formal tourism trends forecasting methods in complex crisis situations.Tourism Management, 2003, （04）：475-487

忆博士的总结，比较主要的研究集中于三个部分：旅游经济周期以及拐点；旅游需求的季节性分析；重大事件对旅游需求的影响。

国内对旅游消费的研究是随着旅游的大众化和对旅游研究的深入发展而发展起来的。概念性的研究是国内学者首先探讨的问题。比较有代表性的有云南大学旅游研究所所长罗明义教授（1999）在其编著的《旅游经济学》中探讨了旅游消费的概念，他认为旅游消费是人们在旅行游览过程中，为了满足自身发展和享受的需要，而进行的各种物质资料和精神资料消费的总和[①]。其他如南开大学的林南枝和陶汉军[②]（2000）、邹树梅[③]（1998，2001）、宁士敏[④]（2003）等也在旅游消费的概念研究上做出了许多有益的探索。与国外的研究情况相似，相关学科对旅游消费的研究做了许多有益的探索。如湖南大学的尹世杰教授[⑤]（1988）从消费经济学的视角研究了旅游消费问题；中山大学保继刚教授[⑥]（1993）从人文地理学的角度研究了旅游消费；1994年，由《消费经济》杂志发起了消费文化的讨论，从消费文化的视角探讨了旅游消费问题；钟海生、郭英之[⑦]编著的《中国旅游市场需求及开发》则是从旅游市场学角度研究了旅游消费问题。许春晓（1999）在其《中国旅游消费研究进展及其主攻方向》中对我国旅游消费研究从早期研究工作到近期的研究热点乃至近期的主攻方向进行了总结，她认为国内旅游消费的研究大致遵循着两条线索：一是从消费经济学的角度研究，二是

①罗明义.旅游经济学(本科版)[M].高等教育出版社,1999.

②林南枝,陶汉军.旅游经济学[M].天津:南开大学出版社,2000.

③邹树梅.现代旅游经济学[M].青岛出版社,2001.

④宁士敏.中国旅游消费研究[M].北京大学出版社,2003.

⑤尹世杰.中国消费结构研究[M].上海人民出版社,1988.

⑥保继刚,楚义芳,彭华.旅游地理学[M].北京:高等教育出版社,1993.

⑦钟海生,郭英之.中国旅游市场需求与开发[M].广东旅游出版社,2001.

以旅游科学为主、多学科角度的专题研究[①]。文章总结了近期旅游消费研究讨论的主要问题：一是旅游消费基本理论问题；二是旅游消费趋势问题；三是旅游消费和文化消费问题；四是旅游消费和旅游可持续发展问题。文章还把学科基本理论建设、学科应用理论建设以及旅游消费的典型现象研究作为旅游消费研究近期的主攻方向。李小芳（2008）在其"旅游消费研究述评"中对国内旅游消费的研究从旅游消费的概念、性质、旅游消费结构、旅游消费行为和旅游消费效果评价[②]五个方面做了总结。河海大学的王龙天博士（2006）从理论研究和实践研究两个层面对我国旅游需求侧进行了系统研究。他以技术经济学、投资经济学、旅游经济学和微观经济学等学科的相关知识为基础，着重研究了旅游需求的结构、旅游需求的趋势、旅游需求和旅游投资之间的协调发展关系[③]。近年来，有关旅游消费的实证研究越来越多，而且多数是以某个地区做专题研究。如张金宝（2014）以国内24个城市的家庭调查为面板数据分析经济条件、人口特征和风险偏好与城市家庭旅游消费的关系问题[④]。孙根年、侯芳芳（2010）以浙江省的旅游发展为例，研究分析了浙江省旅游消费结构变动及其对国民消费的贡献[⑤]。贾英（2008）以北京、上海、广州、杭州、西安、桂林六大热点旅游城市为研究对象，采用横向比较和纵向比较研究的方法分析了六大城市的入境旅游消费结构状况，得出衡量地区旅游产业成熟度的指标不能单纯依赖于旅游消费结

①许春晓.中国旅游消费研究进展及其主攻方向 [J].经济问题探索, 1999（02）：60-62.

②李小芳.旅游消费研究述评 [J].市场论坛（南宁）.2008（06）：31-39.

③王龙天.我国旅游需求侧的理论和实践研究 [D].河海大学, 2006.

④张金宝.经济条件、人口特征和风险偏好与城市家庭的旅游消费——基于国内24个城市的家庭调查 [J].旅游学刊, 2014（05）：31-39.

⑤孙根年, 侯芳芳.旅游消费增长对拉动国民消费的贡献：以浙江为例 [J].旅游学刊, 2010（10）：31-36.

构，而是多种因素决定的结论[1]。黑龙江省旅游局局长、北京大学经济学博士宁士敏在2003年发表了《中国旅游消费研究》专著，该书运用实证分析和规范分析相结合的方法，从七个部分对我国旅游消费问题做了详细的分析：第一部分阐述了旅游业的综合性和中国旅游消费问题的特殊性；第二部分依据旅游消费市场的特点分析了我国旅游消费面临的主要问题；第三部分论述了经济发展总体水平特别是国家城市化水平对旅游消费潜量的形成和释放所起的决定性作用；第四部分分析了作为国民经济新增长点的旅游消费如何发挥先导作用；第五部分从宏观层面分析了中国旅游消费品市场的均衡问题，提出旅游消费的决策导向；第六部分详细分析了旅游消费与人口、资源、环境的关系；第七部分提出了深化旅游体制改革，发挥旅游消费后发优势的对策[2]。

综观国内外学者对旅游消费需求的研究成果，可以看出国外的研究已经日臻完善，而国内的研究则是方兴未艾，国外成熟的定性与定量研究方法可以为国内学者借鉴，至于国内旅游消费理论，尚需要系统、深入地建构，特别是要依据我国经济社会发展的实际和我国特有的国情以及传统消费价值观来建构我国的旅游消费理论，笔者也提倡不仅要从经济学角度，还要从多学科的角度，如行为学、心理学、地理学、社会学等相关学科理论的视点出发丰富和完善我国的旅游消费理论。

2.3　人口自然结构变动对经济发展的影响

实现经济可持续发展的重要组成部分是人口和经济的协调发展。人口自然结构的转变直接影响劳动力的供给，进而影响经济增长。人口

---

①贾英.中国6大热点城市入境旅游消费结构比较研究[J].旅游科学, 2008（03）: 13-17+30.
②宁士敏.中国旅游消费研究[M].北京大学出版社, 2003

自然结构对经济发展的影响十分复杂，由人口自然结构变动所引发的劳动力市场效应、人力资本投资效应、储蓄率效应等都会对经济增长产生直接或间接的影响。因此，人口自然结构变动的经济影响成为大多数学者集中研究的课题。

美国经济学者布鲁姆（David E.Bloom）和威廉姆森（Jeffrey G.Williamson）在研究人口结构转变对经济发展的推动作用时，提出了"demographic gift"[①]一词，代表人口结构转变过程中，劳动年龄人口的增加对经济增长的贡献作用，字面的解释是"人口礼物"，后经联合国人口基金会（UNFPA）将"demographic gift"改为"demographic bonus"，翻译成"人口红利"，并将其应用于《1998年世界人口状况报告》中，报告表述为："如果数百万拥有知识的青年自由地进入劳动力市场，为经济发展贡献全部力量，这些国家将收获'人口红利'的成果。"[②]此后，众多学者开始接受"人口红利"这一概念，并且成为人口结构变动和经济发展之间关系的讨论焦点。

国内对人口自然结构与经济发展相互关系的研究一般遵循着两种传统的模式。第一种倾向于建立理论模型得出人口自然结构的转变对经济影响的理论作用机制。通过定性或定量的研究方法验证研究结果。第二种模式摒弃了理论研究的不可知性，更多倾向于采用实证分析的方法，即分析人口自然结构变量与人均收入增长之间的实证关系，进而推算经济增长率。孙爱军、刘生龙（2014）为了论证人口结构变迁对经济增长的影响，以索洛生产函数模型为基础，引入了人口结构变量，选用中国1990—2010年的省级面板数据来构建计量模型，通过使用

①Bloom&Williamson（1998），Demographic transitions and economic miracles in emerging Asia. World Bank Economic Review 12: 419-455.

②廖海亚.人口红利：理论辨析、现实困境与理性选择［J］，经济学动态，2012（01）：41-47.

固定效应、混合 OLS 和工具变量法对人口经济变迁的经济效应进行实证检验，得出劳动年龄人口份额对经济增长有着显著的正向影响，人口抚养比对经济增长有着显著的负向影响①的结论。与此研究相似的是刘铠豪、刘渝琳（2014）的研究，该论文在个体储蓄模型和企业决策模型的基础上进一步拓展了索洛模型，将人口结构指标扩大为人口年龄结构、性别结构、城乡结构、产业结构、教育结构、收入结构和职业结构七个视角，通过1990—2012年中国省级面板数据构建理论模型，得出了少儿抚养比对经济增长具有显著的负向影响，而老年抚养比与经济增长呈"倒 U 型"关系，拐点将出现在 2034 年前后②的结论。王颖、倪超（2013）选取了26个OECD国家的面板数据，构建了人口转变与经济发展的关系模型，通过研究西方国家人口转变过程，从世界人口变迁和全球化的角度思考和评价中国人口结构转变的深层次问题③，为我国制定适当人口政策提供了借鉴。还有许多学者将人口变量引入索洛模型进行理论分析的，如丁鸿林④（2014）、刘欣⑤（2014）、刘追⑥（2014）等，都从不同程度上解释了人口结构转变因素对经济的影响，在这里不再一一赘述。

①孙爱军、刘生龙.人口结构变迁的经济增长效应分析[J]，人口与经济，2014（01）：37-46.

②刘铠豪、刘渝琳.破解中国经济增长之谜——来自人口结构变动的解释[J]，经济科学，2014（03）：5-21.

③王颖、倪超.OECD国家人口转变与经济增长的关系研究[J]，中国人口资源与环境，2013（05）：106-112.

④丁鸿琳.人口老龄化对中国经济增长的影响[D].辽宁大学，2014.

⑤刘欣.储蓄率与经济增长的关系研究[J].新经济，2014（Z2）：61-64.

⑥刘追.我国人口老龄化对经济增长的影响分析[D].北京交通大学，2014.

2.4　人口自然结构的变动对城市居民消费的影响

消费理论的研究可以追溯到宏观经济学的鼻祖凯恩斯（Keynes），他在《就业、利息和货币通论》（1936）一书中首次提出了消费函数的概念。此后，消费理论逐渐成为经济学界的热门课题。目前国外研究的消费理论主要有四个：①凯恩斯国民收入决定理论；②杜森贝里相对收入假说；③弗里德曼持久收入理论；④莫迪利亚尼和布伦伯格生命周期假说。这些理论在研究消费结构中被广泛运用。

国内研究消费结构的成果主要以实证为主。陈建宝、李坤明（2013）将国内的研究成果大致归纳为四个部分：一是利用 ELES 或 AIDS 模型分析各地区居民消费结构的特征；二是分析我国居民消费结构的变迁及其原因；三是分析我国居民消费结构的地区差异及其成因；四是探索影响居民消费结构的各种决定因素[①]。该论文尝试性地构建了消费结构与居民收入分配和人口结构的理论分析框架，并且采用面板分位数回归方法和非参数可加模型对理论命题加以验证，得出人口结构对消费结构的影响取决于不同类型居民对消费品的偏好的结论。向晶（2013）根据计量经济模型——扩展线性支出系统（ELES），参照我国31个省的城镇居民消费结构数据分析了人口结构调整对我国2012年城镇居民八类消费（食品、衣着、家庭耐用品、交通通信、居住、医疗保健、娱乐文化教育以及其他的商品和服务）的影响。得出的结论为：社会总抚养系数的提高会增加人们基本生活支出；因老龄化引起的社会总负担系数的提高可能会对消费结构升级造成挤压；未来消费结构的重点

[①]陈建宝，李坤明.收入分配、人口结构与消费结构：理论与实证研究［J］.上海经济研究，2013
（04）：74-87.

应放在家庭耐用品、交通通信和娱乐文化教育方面[①]。方丰（2013）将中国年度宏观数据作为研究指标，以消费状况和消费率为代表研究我国居民的消费特征，论证了人口年龄结构、人口抚养比、人口城乡结构以及家庭收入对我国居民的消费影响[②]。吴石英（2017）从总量视角和结构视角分别实证分析了人口变动对居民消费的作用机理和影响效应，以2000—2014年间30个省份的面板数据通过线性拟合和Pearson相关分析构建了动态的面板数据模型，检验了人口变动对居民消费支出的影响[③]。

2.5　人口自然结构的变动对城市居民旅游消费的影响

研究人口自然结构变动对城市居民旅游消费的影响是近几年才开始的。由于国内依靠投资和出口拉动经济增长已经乏力，加之"人口红利"的日渐衰退，中共中央及时调整经济发展战略，强调扩大内需作为经济发展新动力，大力发展消费主导型经济，围绕消费结构，特别是旅游消费结构的研究才开始兴起。

国外对家庭旅游消费进行广泛研究有近40年的历史，成果比较丰富。如Abraham Pizam（1999）在《旅游消费者行为研究》一书中，对家庭生命周期阶段的旅游支出模型与度假类型作了分析[④]。来自瑞典Lund大学的Nick Johns 和 Szilvia Gyímóthy（2003）研究了后现代家庭旅游过程中家庭结构对旅游经济的作用。约翰·斯沃布鲁克和苏珊·霍

---

① 向晶.人口结构调整对我国城镇居民消费的影响[J].经济理论与经济管理,2013(12):14-22.

② 方丰.我国人口结构变动对消费影响的实证研究[J].中国人口.资源与环境,2013(S2):465-469.

③ 吴石英.人口变动对居民消费的作用机理和影响效应研究[D].安徽大学博士论文,2017.

④ （美）匹赞姆（Pizam A.）.旅游消费者行为研究[M].东北财经大学出版社,2005(01).

纳①在《旅游消费者行为学》（2004）中对欧美发达国家的家庭旅游市场需求特点作了详细的研究②。

　　国内对旅游消费的研究集中于两个方面：一是不同旅游者的旅游消费问题。如按城乡二元结构划分的城乡旅游者消费问题。熊友平（2012）以浙江省为例，探讨了城镇居民出境游、自驾游和短线旅游消费存在的问题，提出进一步拓展旅游线路、完善旅游服务、发展特色旅游的建议③。刁宗广（2009）依据2005年中国农村居民人均纯收入对农村居民旅游消费水平划分为三个层次，利用《中国国内旅游抽样调查资料》相关数据建立统计模型，着重考察了居民出游率、游客人均花费和旅游购买力④等问题。张丽峰⑤（2010）、袁宇杰⑥（2011）分别利用状态空间模型和面板模型分析了农村居民和城市居民旅游消费与收入之间的关系。二是与旅游人口学相关联的问题。如葛梦兰、魏薇、王金叶⑦等（2009）通过问卷调查和访谈法对漓江古东生态旅游区游客的人口统计学特征与旅游行为进行了研究。张紫琼、Rob Law、刘挺（2012）采用最优尺度回归模型，依据对中国香港居民的大规模电话调查，探讨了出游动机对中国香港居民旅游重要性的感知影响，人口统计特征对中国香港居民出游动机的影响，得出家庭月收入、年龄和受教育程度等人口

①（英）约翰·斯沃布鲁克，苏珊·霍纳著.《旅游消费者行为学》[M].电子工业出版社，2004.
②Nick Johns，Szilvia Gyímóthy.Postmodern Family Tourism at Legoland[J].Scandinavian Journal of Hospitality and Tourism.2003（01）
③熊友平.中国城镇居民旅游消费行为发展趋势与应对策略——以浙江为例[J].生产力研究，2012（07）：176-177+216.
④刁宗广.中国农村居民旅游消费水平及区域差异研究[J].地理科学，2009（04）：195-199.
⑤张丽峰.我国农村居民旅游消费变参数模型研究[J].旅游论坛，2010（08）：463-467.
⑥袁宇杰.基于面板模型的城市居民国内旅游消费实证分析[J].旅游科学，2011（08）：28-35.
⑦葛梦兰，魏薇，王金叶，等.生态旅游区游客人口统计学特征与旅游偏好研究——以漓江古东景区为例[J].安徽农业科学，2009（22）：10748-10749+10751.

统计特征对出游动机有明显的影响，而性别对出游动机无显著影响①的结论。其他学者如段庆华、程伟波（2009）从市场人口学的角度探讨了旅游人口特征、旅游人口分布与旅游市场的联系问题②。魏敏（2006）通过对人口流动与旅游收入相关数据变量进行分析检验，揭示了二者之间的动态均衡关系③。

城市居民旅游消费的影响因素研究，特别是人口自然结构变动对城市居民旅游消费影响的研究文献非常有限。张丽峰（2015）为了考察我国人口结构对旅游消费的动态影响，建立了向量自回归模型，通过脉冲响应函数和方差分解分析了人口结构对旅游消费的影响趋势和影响程度。结论是人口城乡结构对旅游消费变动的贡献率为上升趋势，人口性别结构对旅游消费变动贡献率呈递减趋势，人口年龄结构对旅游消费变动的贡献率呈递减趋势④。张金宝（2014）采用2010年对国内24个城市的居民家庭调查收集的旅游消费数据，应用广义线性模型定量研究了经济条件、人口特征和风险偏好对城市家庭旅游消费的影响问题，得出家庭对收入的预期和家庭的风险偏好显著影响旅游消费的结论⑤。尽管文章没有把人口自然结构变动作为研究对象，但调查结果发现家庭生命周期与城市家庭的旅游消费是密切相关的，户主年龄在25～34岁之间的家庭旅游消费程度最高。

综观以上学者的研究成果不难发现，当前我国人口自然结构变动

---

①张紫琼，Rob Law，刘挺.旅游重要性感知、旅游动机与人口特征：基于香港居民调查数据的实证研究[J].旅游科学，2012（10）：76-84.

②段庆华，程伟波.旅游人口及与旅游市场关系研究[J].中国高新技术企业，2009（10）：79-80.

③魏敏.人口流动与旅游收入关系的实证研究[J].财经问题研究，2006（05）：93-96.

④张丽峰.我国人口结构对旅游消费的动态影响研究[J].干旱区资源与环境，2015（03）：193-198.

⑤张金宝.经济条件、人口特征和风险偏好与城市家庭的旅游消费——基于国内24个城市的家庭调查[J].旅游学刊，2014（05）：31-39.

对家庭旅游消费影响的研究更多的是借鉴国外的研究思路和研究方法，所采用的理论模型多出自国外学者的研究成果。所谓它山之石，可以攻玉。然而这块"石"是否符合我国的国情，是否符合我国的经济发展阶段和态势是一个值得商榷的问题。而且，众多研究文献是以经济学，特别是计量经济学的视角来进行研究的，人口学的视角却是凤毛麟角，研究人口自然结构变动问题同样需要人口学的理论架构，笔者呼吁今后能够有更多的人口学视角的研究成果。另外，在借鉴国外已有研究方法的同时，更应该重视和把握本国人口自然结构转变的背景和状况以及国家相应的战略政策。

3　研究的主要思路及研究方法

3.1　研究的主要思路

本书依据"研究基础—基本理论—现状分析—实证分析—对策建议"的行文逻辑关系将研究内容归纳为四个部分。第一部分主要介绍选题的背景及研究意义，对国内外研究情况进行评述，在此基础上，构建本书的研究内容和采用的研究方法，并就本书的创新和不足之处加以说明。第二部分主要是梳理相关的基本理论，主要包括人口自然结构的概念及相关理论、城市家庭旅游消费的内涵及相关理论，提出二者之间的逻辑关系问题。第三部分以吉林省为例，实证分析人口自然结构的变动对城市家庭旅游消费的影响问题。这一部分的分析采用"总—分"的方式，"总"的部分从吉林省的人口总量及结构变动状况以及城市家庭旅游消费的现状出发，实证分析吉林省人口自然结构变动对城市家庭旅游消费的影响；"分"的部分从人口自然结构变动具体表现的人口老龄化和人口性别比两个方面实证分析二者对吉林省城市家庭旅游消费的具体影响。第四部分通过对现代城市家庭旅游消费需求的发展趋势进行剖析，提出应对人口自然结构变动对城市家庭旅游消费影响的思考和建议。

第一章：基本理论及问题的提出。主要分为人口自然结构的概念及相关理论、城市家庭旅游消费的内涵及相关理论，在此基础上，探讨人口自然结构与城市家庭旅游消费的逻辑关系。为下文的实证分析提供理论依据。

第二章：吉林省人口自然结构的变动与城市家庭旅游消费状况。主要包括吉林省人口总量及结构变动状况、吉林省城市家庭旅游消费的现状及特征两个方面，并详细分析了吉林省人口自然结构变动对城市家庭旅游消费的影响问题。

第三章：人口老龄化对城市家庭旅游消费的影响分析。从吉林省人口老龄化状况、老年人旅游消费的特殊性、老年人旅游消费的发展趋势出发，详细探讨人口老龄化对吉林省城市家庭旅游消费的影响。

第四章：人口性别比变动对城市家庭旅游消费的影响分析。从吉林省人口性别比变动状况、男性单身家庭层面、女性社会地位层面以及道德精神层面出发，详细分析人口性别比变动对吉林省城市家庭旅游消费的影响问题。

第五章：应对人口自然结构变动对城市家庭旅游消费影响的思考和建议。对本书上述研究内容进行总结的基础上，从现代城市家庭旅游消费需求的发展趋势出发，为应对人口自然结构变动对城市家庭旅游消费影响献计献策。

本书的研究框架：

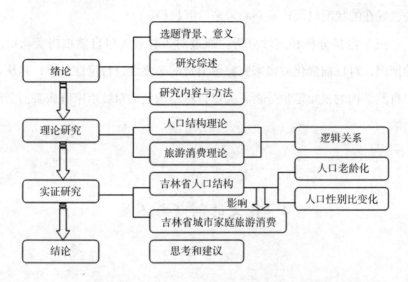

3.2　研究方法

本书从人口自然结构与城市家庭旅游消费的逻辑关系出发构建理论框架，以吉林省面板数据以及在2014年对吉林省城市家庭旅游消费调查收集的数据为基础，综合运用人口学、人口社会学、旅游社会学等有关理论，分析人口自然结构变动对城市家庭旅游消费的影响，文章主要采用了以下几种研究方法。

一是文献归纳与逻辑分析。阅读大量有关人口自然结构变动与城市家庭旅游消费的文献，进行总结归纳、梳理观点，将文献理论与实际相结合，通过判断、推理等形式分析出人口自然结构变动与城市家庭旅游消费中显现的根本问题，进而提出有针对性的建议措施。

二是静态分析和动态分析。已收集的数据、制度规范属于静态范畴，而人口自然结构变动和城市家庭旅游消费是一个动态的发展过程，因此，在静态的研究中注入动态的理念，以发展的眼光准确把握事物过去、现在的状况以及正确判断未来发展趋势。

三是定量分析和定性分析。通过对吉林省人口自然结构变动情况的把握，对目前强化城市家庭旅游消费的必要性进行定性分析，并从人口自然结构的视角定量分析了人口自然结构变动对城市家庭旅游消费的影响。

4 论文的创新与不足

本书的主要创新之处在于将人口学中的人口自然结构变动与旅游学中的城市家庭旅游消费相联系，构建理论框架，探讨二者之间的逻辑关系和影响问题，以期填补国内相关研究的空白。

首先，本书立足于中国人口自然结构转变和经济社会发展实际，首先从人口学、经济学和旅游学的视角研究吉林省人口自然结构变动对城市家庭旅游消费的影响问题，不仅可以丰富人口学、经济学和旅游学发展基础问题研究的理论成果，而且可以指导现代旅游产业发展的实践，规避由人口红利衰退、人口老龄化、人口性别比变动带来的经济风险，挖掘扩大内需、促进旅游消费的新增长点。

其次，以吉林省作为实证研究的对象，可以实现通过合理发展旅游促进旅游消费升级，深化东北老工业基地改革，实现转变经济发展方式的目的。

本书的不足之处在于本书所指的人口结构是依据人口的生物学特征划分的人口自然结构，我们知道人口结构类别除了人口自然结构还有人口社会结构、人口地域结构，不同的人口结构类别对居民旅游消费都会产生影响，囿于论文篇幅，本书只分析了人口自然结构变动对居民旅游消费的影响。此外，因为本书主要研究结构性的问题，而结构研究需要一定的稳定性，因此，本书主要选取了2010—2015年的数据进行分析，在资料上有些陈旧，但主要为了说明两种结构之间的关联性。

第1章　基本理论及问题的提出

　　人是消费的主体，人口自然结构的变动将直接影响一国消费结构的总体变动。随着改革开放的不断推进，科学技术的发展，市场经济体制的不断完善，医疗和养老保障制度的不断完善，我国人民生活水平不断提高，消费水平更进一步提高。按照中国国家统计局从宏观价值对我国居民消费对象的划分，包括食品在内的生存资料在人们消费结构中所占比重不断降低，而包括医疗保健、交通通信、文教娱乐在内的，对享受和发展资料的消费，在人们消费结构中所占比例不断增加。[①]作为文教娱乐中的重要组成部分，城市家庭旅游消费成为当今旅游消费的主要形式，而人口自然结构的变动与城市家庭旅游消费的发展具有高度的正相关关系。

---

①中国国家统计局从宏观价值对我国居民消费对象结构划分为八类：食品、衣着、居住、家庭设备用品及服务、医疗保健、交通通信、文教娱乐、其他商品和服务。

1　关于人口自然结构的概念及问题

1.1　人口结构的概念

"人口结构是指人口系统内部各要素相互联系、相互作用的方式。它从一定的规定性来看人口内部关系，即按照人口的不同标志，研究一定地区，一定时点的人口内部结构及其比例关系。"[①]简言之，人口结构是通过设定不同标准，依据不同标准对人口整体进行归类划分，以展示人口变动特征的描述形态。

"结构的产生和存在必须具备两个条件：一是社会总体中必须有两个以上的组成部分，只有一个组成部分不能形成结构；另一个是各个组成部分在总体中必须占有一定的比重，没有比重或占百分比的组成部分，结构是不存在的。之所以有人口结构，是因为在组成人口总体的个人之间存在着许多既相同又相异的自然标识和社会标识，各种标识把个人归类成若干部分，具有不同标识的各个部分按照一定的比重组成总体人口。"[②]通过不同的自然标识和社会标识对人口总体的划分，从不同的层次和角度设定了观察人口着眼点。而对人口结构研究的终点绝不是对人口通过归类进行描述比较，而是通过对所有社会经济生活中最具主体性的人的研究，通过基于各种标识的人口比重关系的变动，预测并指导人口未来发展，甚至探索这种变动对包括经济、社会、政治、文化等

[①]向洪, 张文贤, 李开兴.人口科学大辞典[M].成都: 成都科技大学出版社, 1994: 51.
[②]吴忠观.人口科学辞典[M].成都: 西南财经大学出版社, 1997: 227.

领域所造成的影响。这里便涉及到人口结构中最核心的问题，如何设定标识对人口进行分类。

1.2 人口结构的分类

"按照人口系统的层次性，大体上可将人口结构分为总体人口结构和部分人口结构。总体人口结构是相对于部分人口结构而言的。"①部分人口结构又被称为子系统人口结构，按照性质主要分为三个子系统结构：自然结构、地域结构和社会结构。

1.2.1 人口自然结构

人口自然结构是人口结构的基本属性，它主要包含两个观察人口最核心的指标：年龄结构和性别结构。

从年龄结构来讲：一方面，不同的年龄结构决定不同的社会形态。处于青少年期的人口往往没有创造财富的能力，而处于被社会供养的阶段。青少年所占比重大的人口结构表现为出生率较高。虽然，青少年成长早期会给社会带来沉重的养育负担，但随着青少年的自然成长和受教育程度的加深，将会为社会生产提供源源不断的劳动力，从而带来整个社会资本积累速度的提高；若成年人占人口结构的比重较高，那么便为整个社会提供了丰富的劳动力资源，这个时期的人口结构处于人口红利期，是经济社会高速发展的时期；当一个社会老年人所占比重变大，便意味着社会老龄化的到来。老龄化社会带来社会生产力和消费能力的整体下滑，社会赡养负担加重，这便会导致经济社会发展进入缓行

---

① 吴忠观.人口科学辞典 [M].成都: 西南财经大学出版社, 1997: 227.

阶段。

另一方面，"不同年龄段人口具有差异性的消费模式。"[①]不同年龄阶段对于消费的取向是完全不同的。从消费能力上来讲，中青年由于普遍具有较好的收入预期和较多的消费需求，其消费能力是高于老年人的。例如，对于孩子、老人的赡养、教育费用，住房需求的提高，娱乐享受的开销等。然而，老年人的消费取向主要在医疗保健方面。当然，随着生活水平的提高，老人在家庭旅游方面的消费投入也在不断增加，这方面的内容将在下文中展开。

从性别结构来讲：一方面，男女性别差异的不同偏好，使家庭消费决策中的主导地位，以及消费取向具有明显的差异。另一方面，男女比例的失调将带来家庭结构的变动，例如，核心家庭的增多、丁克家庭的兴起和空巢家庭的上升，不同的家庭模式将带来不同的消费取向。

1.2.2　人口地域结构

人口地域结构主要依据人口的居住地区划分，主要分为人口的自然地理结构、行政区域结构和城乡结构。我国幅员辽阔，自然资源和历史文化的相异导致各地区经济发展水平差异巨大，这种地理上的区域化差异体现出不同的人口地域结构。其中，现阶段最能体现人口地域结构的便是城乡结构。中华人民共和国成立初期确立的"城乡二元结构"使人口依照出生所确定的户籍，便处于不同的体制。长期以来的城乡二元结构导致了城市与农村之间从经济发展水平到社会福利制度人为的不公平。党的十八大报告指出"城乡发展一体化是解决'三农'问题的根本

---

① 向晶.人口结构调整对我国城镇居民消费的影响[J].经济理论与经济管理，2013，(12)：14-22.

途径。"①城乡发展一体化政策的实施将农村带入了城市化进程，这也势必带来城市规模的扩大。

1.2.3 人口社会结构

人口社会结构是人口社会属性的体现，其中主要体现为民族结构、文化结构、阶级结构、职业结构、行业结构、婚姻家庭结构等。其中重点需要说明的是，人口自然结构中的性别比是婚姻家庭结构的基础。中国传统重男轻女思想导致男女比例一定程度的失衡，而这种性别的失衡必然带来婚姻家庭结构的变动。例如，男性比例的增大必然导致单亲家庭和独身男性的增多，随着女性社会地位的提高，家庭消费结构必将受到巨大影响。

总体而言，虽然子系统的人口结构彼此独立，但彼此之间又相互联系。"人口的自然结构决定了经济社会结构，对于整个社会的发展存在着不可忽视的影响，反之经济社会结构又影响着人口的自然结构，二者之间是在互相影响之中共同发展的。"三者之间的联系请见图1-1。②

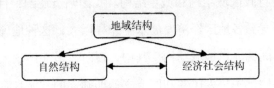

图1-1　人口结构三者之间的关系图

---

① 坚定不移沿着中国特色社会主义道路前进，为全面建成小康社会而奋斗——在中国共产党第十八次全国代表大会上的报告，新华网［EB/OL］.（2012-11-19）http://www.xj.xinhuanet.com/2012-11/19/c_113722546.htm.

② 朱宁振.中国人口结构转变对消费结构的影响［D］.西南财经大学硕士论文，2013.

1.3 中国人口自然结构的变动及特点

本书以人口结构为出发点，研究人口结构对家庭旅游消费的影响，主要探讨人口的自然结构，即从人口年龄结构及人口性别结构两个层面出发，寻找它们与家庭旅游消费变动之间的联系。首先，就中国宏观的人口自然结构变动进行梳理及总结。

1.3.1 人口结构步入老龄化

中华人民共和国成立之后，随着社会稳定和生活水平的提高，中国迎来了新生人口的迅速增长。1949—1957年，中华人民共和国迎来了第一个人口高速增长阶段。20世纪60年代左右，由于自然、社会等种种原因，人口增加出现了暂时的缓行。随后，人口又进入了迅速增长期，直到70年代"计划生育政策"的实施，中国的人口总增长才开始趋于减缓。但中国的人口增长率直到1998年才回落到个位数9.14%，随后2000年7.58%，2005年5.89%，2012年4.95%[1]，2013年4.92%[2]，到2018年3.81%，2019年3.34%[3]，中国的人口增长率迅速减缓。

改革开放以来我国社会稳定，医疗卫生条件的改善延长了人口平均寿命，死亡率大大下降，加之"计划生育政策"带来的人口增速减缓，使中国迅速进入了老龄化社会。2000年的第五次人口普查结果显示，中国65岁以上人口达到8811万，占总人口的6.96%。依据联合国标

---

①新中国60周年：中国总量适度增长结构明显改善，中央政府门户网站［EB/OL］.（2009-9-15）
　http://www.gov.cn/test/2009-09/15/content_1417725.htm.

②中华人民共和国统计局数据：http://data.stats.gov.cn/workspace/index? m=hgnd

③国家统计局：http://data.stats.gov.cn/search.htm? s=人口

准（表1-1），中国正式进入了老龄化国家的队伍。[①]

表1-1　中国人口年龄结构变动

年份	0~14岁人口比重 (%)	65岁及以上人口比重 (%)	老少比 (%)
1953	36.3	4.4	12.2
1964	40.7	3.6	8.8
1982	33.6	4.9	14.6
1990	27.7	5.6	20.1
2000	22.9	7.0	30.4
2011	16.5	9.1	55.2
2012	16.4	9.4	57.3
2013	16.4	9.7	60.2

资料来源：根据数次人口普查资料数据整理

如图1-2所示，20个世纪50年代，中国的人口结构基本属于"金字塔"的年轻型；直到1980年，中国人口结构基本开始走入了成年型阶段，成年劳动力的释放也带来了长时间的"人口红利"。然而，"据统计，我国14岁及以下年龄人口的比重从1990年的27.7%下降到2013年的16.4%；相应的，65岁及以上从1990年的5.6%上升到2013年的9.7%"[②]中国的人口结构进入了"老年型"的"纺锤型"，底部出生率低，而顶部有不断庞大的趋势。据预测，到21世纪中叶，老年人口比重将达25%。[③]

---

①新中国60周年：中国总量适度增长结构明显改善，中央政府门户网站［EB/OL］.（2009-9-15）http://www.gov.cn/test/2009-09/15/content_1417725.htm.

②向晶.人口结构调整对我国城镇居民消费的影响［J］.经济理论与经济管理，2013，（12）：14-22.

③新中国60周年：中国总量适度增长结构明显改善，中央政府门户网站［EB/OL］.（2009-9-15）http://www.gov.cn/test/2009-09/15/content_1417725.htm；中华人民共和国统计局数据：http://data.stats.gov.cn/workspace/index? m=hgnd

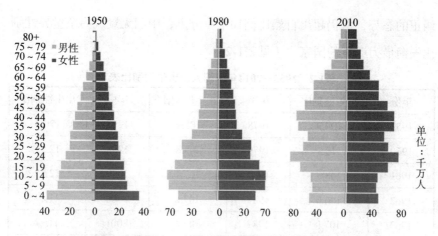

图1-2 中国1950、1980、2010年人口年龄结构图

资料来源：中国人口普查数据，联合国经济社会局。转引自：杨江权：《现阶段我国人口结构问题分析及对策研究》，吉林大学博士论文，2013年

1.3.2 人口性别比失衡

最初的人口男女性别比例取决于出生性别比，按照自然界的规律，女婴与男婴的出生比例应当是100：103到100：107，换言之，每出生100个女婴，就相应会出生103到107名男婴。依据自然的出生性别比，加之成长过程中男性死亡率高于女性，因此，到成年阶段，男女性别比例最终将达到自然的平衡状态。然而，通过观察表1-2不难发现，从1953—1984年，出生性别比除1966年一年出现峰值，其余年份基本控制在100：103至100：107的合理波动空间徘徊，自1985年开始，出生性别比开始了非正常地增长，甚至多年突破100：120的峰值。这种性别比的高度失衡直到2009年出现拐点，据国家计生委公布数据，至2014年，中国的出生性别比实现了"六连降"的趋势，[①]性别比失衡呈现出日趋

---

① 国家计生委：我国出生人口性别比实现"六连降"，新华网，[EB/OL].(2015-2-4) http://news.xinhuanet.com/edu/2015-02/04/c_127455044.htm.

纠正的态势，但仍超出自然比例10个百分点，中国无疑成为全世界性别比失衡最为严重的国家。（见表1-2）

表1-2　1953—2014年中国人口出生性别比表

年份	出生性别比	年份	出生性别比	年份	出生性别比
1953	104.9	1978	105.9	1997	120.4
1960	110.3	1979	105.8	1998	122.1
1961	108.8	1980	107.4	1999	122.7
1962	106.6	1981	107.1	2000	119.9
1963	107.1	1982	107.2	2001	115.7
1964	106.6	1983	107.9	2002	119.9
1965	106.2	1984	108.5	2003	117.5
1966	112.2	1985	111.4	2004	121.2
1967	106.6	1986	112.3	2005	118.9
1968	102.5	1987	111.0	2006	119.6
1969	104.5	1988	108.1	2007	125.48
1970	105.9	1989	111.3	2008	120.56
1971	105.2	1990	114.7	2009	119.45
1972	107.0	1991	116.1	2010	117.94
1973	107.3	1992	114.2	2011	117.78
1974	106.6	1993	114.1	2012	117.7
1975	106.4	1994	116.3	2013	117.6
1976	107.4	1995	117.4	2014	115.88
1977	106.7	1996	118.5		

数据来源：（1）李建新.《中国人口结构》，社会科学文献出版社，2009年；（2）2001—2010数据来源于2002—2010年《中国人口统计年鉴》（2007年更名为《中国人口和就业统计年鉴》），中国统计出版社，2002—2011；（3）2008—2012数据来源于国家统计局数据：http://data.stats.gov.cn/workspace/index? m=hgnd；（4）2013、2014年数据来源于国家计生委.《我国出生人口性别比实现"六连降"》，新华网：http://news.xinhuanet.com/edu/2015-02/04/c_127455044.htm，2015-2-4

中国性别比失衡主要归因于计划生育政策、胎儿性别鉴定技术的成熟、中国"重男轻女"思想的根深蒂固、传统农业大国的劳动力需求、男女不平等的遗毒，这些原因直接导致了中国目前严重存在的人口性别结构失衡问题。人口性别结构的失衡会造成众多包括就业、婚姻、养老等一系列社会问题，但最直观的问题就是对中国家庭结构的冲击。

中国人口自然结构的变动将带来对中国传统家庭结构的冲击，传统中国的家庭结构往往是"大家族""四世同堂"，而人口老龄化、性别比失衡将带来例如核心家庭成为主体，离婚率、单亲家庭数量的增长，空巢家庭增多等变动，家庭结构的变动最终会导致家庭旅游消费模式发生改变。

2 关于城市家庭旅游消费的内涵及相关理论

2.1 城市家庭旅游消费的内涵

"消费、投资和出口一直以来都是拉动我国经济增长的'三驾马车'。后危机时代，全球经济持续疲软，欧洲国家主权债务危机频频爆发，世界性贸易保护主义愈演愈烈，再加上成本优势、人口红利以及制度红利等经济增长优势的逐渐不明显，这一切都预示着今后我国经济增长模式必然由外向型向内向型转变，国内消费势必主导我国未来经济的增长。"[1]因此，推进国内消费结构的升级是重中之重。旅游消费属于

---

[1]陈建宝，李坤明.收入分配、人口结构与消费结构：理论与实证研究[J].上海经济研究，2013，04：74-87.

享受型消费，"从经济发展的角度看，旅游业在国民经济中是具有很强的关联性和综合性的产业。旅游业的快速发展，可以带动交通运输、金融、零售和娱乐等行业的发展，有利于增加就业和刺激经济发展。根据2013年全国旅游工作会议的报告，2012年旅游产业创造的旅游收入达到了2.57万亿元。"[1]旅游业本身的"长产业链"特征，使旅游消费同时可以带动并助推包括食品、衣着、服务、交通和通信、文教娱乐用品及服务、其他商品及服务全方位的消费水平。因此，促进旅游业、旅游消费的发展将是推进消费结构升级中的重要环节。

　　旅游的主体结构众多，有个人参与的形式，有以工作单位为组织的形式，有朋友结伴而行的形式。"在2.57万亿元的旅游收入中，除了源自国际旅游收入和政府购买旅游公共设施以及旅游设备的支出外，绝大部分是由旅游者的旅游消费支出形成的。"[2]从20世纪50年代开始，家庭旅游在经济发达的日本广泛兴起，据"世界旅游行业协会2006年调查显示，家庭旅游成为当今旅游的一大热点，其中25%的家庭或者17 000万次的旅游携带18岁以下的孩子，91%的携带孩子旅游是休闲娱乐为主。"[3]家庭旅游从20世纪末在我国开始广泛兴起，家庭旅游成为旅游的主要形式。

　　城市家庭旅游消费的主体是家庭。家庭是最基本的社会组成单位。家庭是指"两个或两个以上的个体由于婚姻、血缘或收养关系而共同生活的社会单位。"[4]"英文中的family则指代任何血缘或婚姻而

---

①张金宝.经济条件、人口特征和风险偏好与城市家庭的旅游消费——基于国内24个城市的家庭调查[J].旅游学刊, 2014, 05: 31-39.
②张金宝.经济条件、人口特征和风险偏好与城市家庭的旅游消费——基于国内24个城市的家庭调查[J].旅游学刊, 2014 (05): 31-39.
③王洪兰.城市家庭旅游消费研究[D].山东师范大学硕士学位论文, 2008.
④吴方桐.社会学教程[M].武汉: 华中师范大学出版社, 1989: 57.

结成的群体，特别是指父母和他们的子女。"①城市的概念将家庭旅游消费限定在城市之内，城市家庭"指包括除农村家庭以外的所有家庭。"②之所以选择城市家庭为旅游消费的主体，主要归因于两个方面：一方面，城乡一体化政策使中国的城市化进程加速，城市规模不断扩大。通过图1-3不难发现，我国的城市人口一直处于平稳增长状态，而乡村人口一直下降。2010年以后，城镇人口规模超越乡村人口规模；另一方面，我国长期以来的城乡二元结构，使城市人口的可支配收入高于乡村人口。消费结构的主要影响因素是价格、偏好和收入。③对于享受型消费而言，收入水平则是最主要的影响因素。当收入水平可以保证基本的生存需求时，便会产生享受型消费的需求。如图1-4所见，城市家庭人均可支配收入是远高于乡村家庭的。

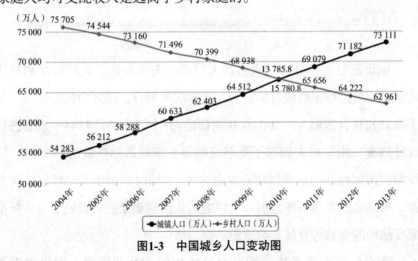

图1-3　中国城乡人口变动图

资料来源：中华人民共和国统计局：http://data.stats.gov.cn/workspace/index? m=hgnd

①黄升民.多种形态的中国城市家庭消费 [M].北京：中国轻工业出版社，2006.

②［英］约翰·斯沃布鲁克，苏珊·霍纳.旅游消费者行为学 [M].余慧君，等译.北京：电子工业出版社，2004.

③陈建宝，李坤明.收入分配、人口结构与消费结构：理论与实证研究 [J].上海经济研究，2013，04：74-87.

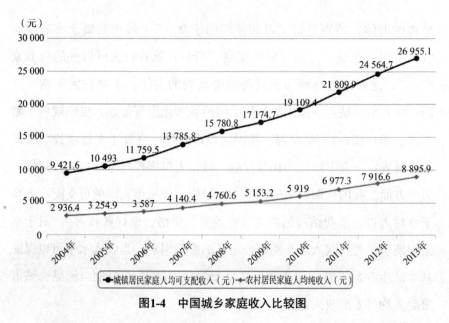

图1-4 中国城乡家庭收入比较图

资料来源: 中华人民共和国统计局http://data.stats.gov.cn/workspace/index? m=hgnd

　　城市家庭主要分为"家庭的人口数、夫妻对数、代际层次和具体的家庭类型，按家庭成员的身份和代际层次划分，可分为核心家庭、主干家庭和联合家庭。"2003年相关部门对5个城市共计4384个家庭进行统计调查，由一对夫妇与子女组成的核心家庭占总户数的71.87%，这说明我国家庭结构主要以核心家庭为主。[①]同时，由于人口性别结构失衡，单亲家庭数目不断增加；人口老龄化使空巢家庭的数量上升。城市家庭结构的变动将直接影响旅游消费的结构。

　　狭义的旅游消费指"游客对核心旅游产品的消费，即以参观景点、游览娱乐等方式消耗个人积蓄的过程。"[②]广义的旅游消费指"人们在游览过程中为了满足自身发展和享受需要而进行的各种物质产品和

①王洪兰.城市家庭旅游消费研究[D].山东师范大学硕士学位论文, 2008.
②张凌云.旅游消费行为和旅游消费地区差异的经济分析[J].旅游学刊, 1994 (4).

劳务消费的综合性消费。"①

综上所述，城市家庭旅游消费主要指以城市家庭为主体的，人们在旅游过程中为了满足自身享受和发展而进行的所有物质产品与服务产品消费的总和。

2.2 城市家庭旅游消费的结构和特征

2.2.1 城市家庭旅游消费的结构

"旅游消费可分为基本旅游消费和非基本旅游消费。前者指进行一次活动所必需的而又基本稳定的消费，如饮食、住宿、交通、游览等支出，后者指并非每次旅游活动都需要且具有较大弹性的消费，如旅游购物支出、娱乐休闲支出、邮电通信消费等。"②

城市家庭结构的不同对旅游消费的影响主要体现在以下几个阶段。

一是无子女家庭阶段。虽然旅游消费总支出最少，但可随意支配的非基本旅游消费总额较多。这主要归因于家庭无子女带来的旅游自由度及无抚养子女负担。到孩子读大学阶段，非基本旅游消费支出达到顶峰，这主要归因于子女养育负担的减轻，即家庭该阶段已经完成了家庭资本积累，储蓄相对富足。无子女家庭往往旅游消费最高。

二是有子女家庭阶段。为了照顾孩子和老人，旅游消费结构中往往侧重于住宿等照顾旅客舒适度的硬件，而对游览和非基本旅游消费的需求减弱。

①王洪兰.城市家庭旅游消费研究[D].山东师范大学硕士学位论文, 2008.
②李一玮.对入境旅游消费结构状况的分析与思考[J].国际经济合作, 2004, (7): 17-19.

　　三是空巢家庭阶段。对于子女不在身边的老人而言，他们更加关注的是整个旅行的舒适度，基本旅游消费所占比重突出，而非基本旅游消费出现下滑。

　　由此可见，家庭结构的不同对于旅游消费结构具有重要的影响。例如，无子女的丁克家庭无论从基本旅游消费或是非基本旅游消费层面来讲，都可能将是旅游消费中最活跃的群体；对于核心家庭而言，旅游过程的包括住宿、交通、餐饮等在内舒适度是核心家庭关心的重点，同时，核心家庭的非基本旅游消费也是亟待开发的目标；对于老年人而言，伴随生活水平的提高和老年人对生活质量要求的提高，使以老年人为主的家庭旅游成为一片极具潜力的市场。

2.2.2　城市家庭旅游消费的特征

2.2.2.1　不同家庭的旅游消费结构差异明显

　　传统的旅游设计着重共性，而缺乏差异性关注。当今中国已经进入家庭旅游的时代，正如前文所示，家庭生命周期的不同阶段，由于家庭可支配收入、子女成长阶段的不同、家庭成员对家庭旅游消费的关注点不尽相同，从而导致旅游消费结构的差异明显。从本研究的人口自然结构出发，人口老龄化带来对家庭结构的影响，使"夕阳红"的旅游成为旅游消费新的增长点。性别比失衡对家庭旅游消费决策和旅游消费结构的选择同样造成重要的影响，下文中将具体阐述。

2.2.2.2　家庭旅游消费结构仍不合理

　　根据国家旅游局（现为文化和旅游部）政策法规司公布的《旅游抽样调查资料》显示，2000年，在城市家庭旅游消费结构中，交通费占32.7%，住宿费占14.7%，餐饮17%，景区游览占7.5%，娱乐费用占

2.4%，其他服务占10.5%。[①]2005年这个数据是：交通费占28.3%，住宿费占13.3%，餐饮占15.3%，景区游览占14.5%，购物占15.1%，娱乐费用占3.6%，其他服务占9.9%。[②]到2012年，这个数据是：交通费占花费的32.1%，住宿费占14.1%，餐饮占24.9%，购物费占19.8%，景区游览占5.4%，其他费用占3.7%。[③]通过观察这些数据不难发现，家庭旅游消费中非基本旅游消费比例较少。非基本旅游消费所占比例在旅游消费中高低是衡量一国旅游业发展程度的主要指标。旅游发达国家旅游消费中非基本旅游所占比例高达60%，而中国城市家庭旅游中的非基本旅游消费一直未能超过20%。

2.2.2.3 城市家庭旅游呈"休闲游"趋势

改革开放初期，城市家庭旅游主要以观光为主要目的，通过旅游开拓视野、增长见识。随着经济发展带来的生活压力增大，越来越多的人将旅游视为一种休闲方式。"从旅游者的角度看，通过旅游可以陶冶情操、缓解工作压力。"[④]这种"休闲游"兴起的另外一个背景包括"小长假"的实施，在紧张的工作中，抽出小部分的时间赴较近的地方旅游，这种旅游往往是家庭短途自驾的形式。在2013年的《旅游抽样调查资料》中，由旅行社组织的一日游中，以观光游览为目的的比例为27.8%，而以度假/休闲/娱乐为目的的比例为32.9%。非旅行社组织的以观光游览为目的的比例为57.8%，以度假/休闲/娱乐为目的比例为67.5%。[⑤]由此可见，休闲游主要以短途短时间为主，以"休闲"为目

---

①国家旅游局政策法规司.旅游抽样调查资料.2001.中国旅游出版社, 2001

②国家旅游局政策法规司.旅游抽样调查资料.2006.中国旅游出版社, 2006.

③国家旅游局政策法规司.旅游抽样调查资料.2013.中国旅游出版社, 2013.

④游喜喜、张薇.呼和浩特城市出游行为规律[J].内蒙古财经学院学报, 2011(4)：104-107.

⑤国家旅游局政策法规司.旅游抽样调查资料.2013.中国旅游出版社, 2013.

的旅游往往侧重于旅游过程的享受，因此，在旅游消费中，非基本旅游消费所占比例较高。

2.3　中国城市家庭旅游消费的变动状况

中华人民共和国成立以来至1978年党的十一届三中全会，由于计划经济与国内的封闭，旅游业基本处于停滞阶段。自1956年4月开始，国家统计局先后五次对全国27个大中城市的6 000余户家庭进行调研。如图1-5所示，这个时期，城市家庭高达60%的收入都用于食品支出，非食品支出在25%到30%的区间波动，非商品支出一直保持在10%左右的低位运转。由此可见，由于经济发展水平低下和政治环境的不稳定，中华人民共和国成立初期人民的消费结构体现出生存的基本需求。在温饱成为问题，属于享受型的家庭旅游不会出现发展的机遇。

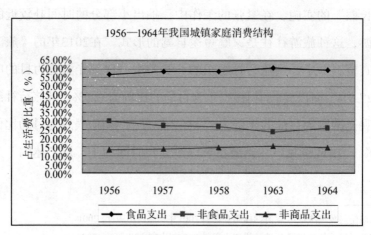

图1-5　1956—1964年家庭消费结构

资料来源:《全国职工家庭生活调查资料》(1956—1964年)

改革开放不仅释放了禁闭已久的市场活力，同时又开放了人员国内、国外自由流动的渠道。1978年，非农业居民纯收入水平为343.4元，而到1997年，这个数据便已经达到5 160.3元。改革开放以来，非农业居民纯收入翻了15倍，人民收入水平的提高促进了人们消费需求的升级。根据图1-6所示，食品支出在人民消费结构中所占比例迅速降低，而包括旅游在内的文化娱乐服务从1990年开始出现了拐点式的增长趋势。

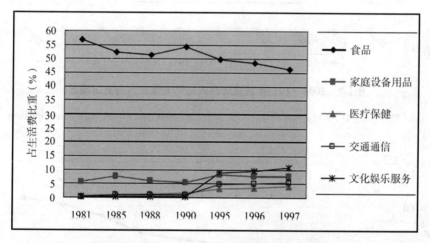

图1-6　1978—1998年我国城镇居民家庭消费结构

资料来源：根据《中国统计年鉴》（1984—1999）数据整理

2000年以来，中国经济的高速发展带来了城市人均可支配收入和人均现金消费支出均大幅提高。2000年，城镇人均可支配收入达到6 280元，人均现金消费支出4 998元；到2013年，人均可支配收入达到26 955.1元，人均现金消费支出18 022.6元。收入增长4倍，消费增长3.6倍（图1-7）。根据图1-8所示，包含家庭旅游在内的文教娱乐消费支出进入了平稳增速的阶段，这个时期我国城市居民的消费结构步入了追求享受发展型的阶段。

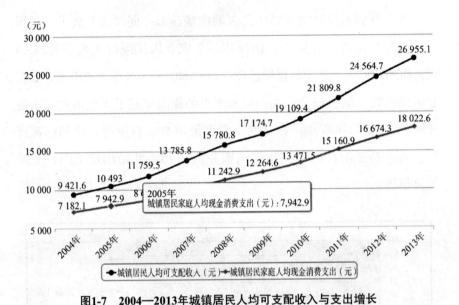

图1-7 2004—2013年城镇居民人均可支配收入与支出增长

资料来源：中华人民共和国统计局数据: http://data.stats.gov.cn/workspace/index? m=hgnd

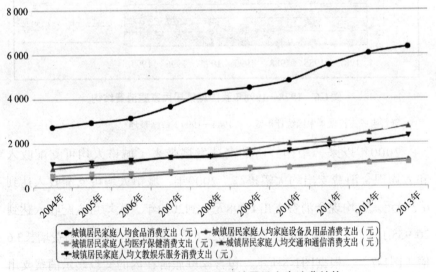

图1-8 2004—2013年我国城镇居民家庭消费结构

资料来源：中华人民共和国统计局数据 http://data.stats.gov.cn/workspace/index? m=hgnd

2006年的《旅游抽样调查资料》显示，2005年我国城镇居民家庭出游人次率为135.1%，国内旅游出游人数为4.96亿人次，国内旅游出游花费为3 656.13亿元，每次出游人均花费为737.1元/人次。[1]2013年的《旅游抽样调查资料》显示，2012年我国城镇居民国内旅游出游人数19.33亿人，出游人次率290.4%，出游花费17 678.03亿元，游客每次出游人均花费914.5元/人次。[2]从国内旅游抽样调查数据的对比可以看出，无论从体现城镇居民家庭旅游热度的出游人次率，还是从总额到人均的旅游消费支出，2005—2013年的城市家庭旅游消费都出现了成倍的增长。由此可见，21世纪以来的城市家庭旅游消费已经进入了高速发展的阶段。

3 人口自然结构与城市家庭旅游消费的逻辑关系

3.1 人口自然结构对消费结构的影响

3.1.1 人口自然结构与消费结构的相关理论

对消费支出理论最早的研究可以追溯到凯恩斯，凯恩斯提出了绝对收入假说，认为收入是消费的决定性因素。收入水平的提高将带来消费水平的提高，但消费增速往往是小于收入增速的。然而，绝对收入假说将收入视为决定消费行为的唯一指标，却忽略了消费本身也是社会行

[1]国家旅游局政策法规司.旅游抽样调查资料.2006.中国旅游出版社, 2006.
[2]国家旅游局政策法规司.旅游抽样调查资料.2013.中国旅游出版社, 2013.

为，它受一定程度的社会因素的影响。在此基础上，美国经济学家杜森贝里提出了相对收入假说，即消费行为的多元影响渠道，包括利率、收入预期及增长，等等。相对收入假说包含两个消费行为假设：第一，示范效应。消费决策主要参考其他同等收入家庭，消费者间的行为会相互影响，产生示范效应，即消费具有模仿性和攀比性。第二，棘轮效应。家庭消费既受本期绝对收入的影响，更受以前消费水平的影响。收入变动时，家庭宁愿改变储蓄以维持消费稳定。

绝对收入假说和相对收入假说虽然厘清了影响消费行为的诸多因素，但却依然对消费行为的影响因素解释不够清晰。1956年，美国经济学家莫迪利尼与布伦贝格提出了"生命周期假说"，而这一假说也成了国外关于人口结构对消费结构影响研究的里程碑式成果。该理论与凯恩斯消费函数理论的区别在于，凯恩斯消费函数理论强调当前消费支出与当前收入的相互联系，而生命周期假说则强调当前消费支出与家庭整个一生的全部预期收入的相互联系。该理论认为，每个家庭都是根据一生的全部预期收入来安排自己的消费支出，即每个家庭在每一时点上的消费和储蓄决策都反映了该家庭希望在其生命周期各个阶段达到消费的理想分布，以实现一生消费效应最大化的企图。因此，各个家庭的消费取决于其在生命期内所获得的总收入和财产。这样，消费就取决于家庭所处的生命周期阶段。①

另外一个对人口结构、对消费结构影响研究做出突出贡献的是萨缪尔森等人提出的"家庭储蓄需求模型"。这一理论认为，孩子数量和储蓄量之间存在替代关系，即孩子数量少时，家庭会增加养老保证的储

---

①Modigliani, F. and Brumberg, R.H. Utility Analysis and the Consumption Function: An Interpretation of Cross-Section Data [M]. Rutgers University Press, 1954.

蓄，反之亦然。①

3.1.2　人口年龄结构对消费结构的影响

人口年龄结构对消费结构的影响主要体现在两个方面：第一，人口年龄结构决定了消费需求结构。少儿阶段的消费需求主要体现在食品、衣着、教育，尤其教育是少儿阶段最大的消费需求，而这部分需求则是由家庭完成的；青年阶段的消费需求主要体现在居住、交通通信、娱乐等方面；中年阶段，娱乐和医疗保健方面的消费需求突出；老年阶段，医疗保健取代其他消费需求成为最主要的消费。由此可见，不同的年龄阶段决定了不同的消费结构；第二，"老龄人口的增多不仅没有拉低消费，反而显著促进消费增长。老年抚养比的提高对消费具有促进作用。"②既然研究结果并没有说明我国消费率过低与老龄化社会具有正相关的关系，那么如果通过社会保障的完善和消费市场的特色化打造提高老年人的消费能力将非常重要。

3.1.3　人口性别结构对消费结构的影响

人口性别结构对消费结构的影响主要体现在两个方面：第一，性别差异对家庭消费决策具有影响。男性与女性的消费偏好是完全不同的，例如，在衣着方面，女性的偏好是明显高于男性的。第二，我国人口性别失衡对家庭结构造成的影响将直接导致对消费结构的冲击。例如，在女性数量占优的情况下，男性寻求伴侣的成本，例如，面临房

①Samuelson P A.An exact consumption-loan model of interest with or without the social contrivance of money [J].Journal of Political Economy, 1958, (66)：298-304.转引自：祁鼎, 王师, 邓晓羽, 孙武军.中国人口年龄结构对消费的影响研究 [J].审计与经济研究, 2012 (4)：95.
②祁鼎, 王师, 邓晓羽, 孙武军.中国人口年龄结构对消费的影响研究 [J].审计与经济研究, 2012 (4)：95.

产、汽车购买的需求便会随之增大。而这些价格昂贵的大型耐用品的消费，必将挤压男性在其他方面的消费需求。

3.2 城市家庭旅游需求的层次分析

旅游的需求，是一种享受发展型的高级消费需求。它是在基础需求满足以后，才产生出来的社会行为，以高层次需求的满足为驱动力，属于精神需求为主导的范畴；借鉴需求塔理论，可以将人类旅游需求划分成以下五个不同层次。

第一层次为基本需求，基本需求主要包含在旅游行程中生存与安全得到基本保障，这虽然是最低层次的城市家庭旅游需求，但以家庭为单位的旅游方式往往将其视为先决条件；第二层次以生理与心理获得满足为目标。一方面，不仅在旅行过程中需要保证生理上的舒适度，例如，旅行中的住宿情况、交通情况，乃至餐饮是否合口。心理上的满足则是旅游本身起到了缓解压力，释放心情的作用，使平时处于紧张的心态得到放松。这种生理与心理的双重满足同时也能起到促进家庭和睦的作用；第三个层次为精神需求。主要包含在旅游过程中达到提高自身修养、开阔眼界、提高审美、促进家庭内部以及家庭之间交流的作用。以家庭为单位的旅游往往都希望达到凝聚家庭的目标，在旅途中通过家庭成员间的密切互动，达到精神层面感情的契合。因此，精神的需求在城市家庭旅游的需求中是极其重要的目标；第四个层次为综合需求，综合需求集合了生理、心理与精神不同层次的需求，是人类寻求突破、探险、新奇、刺激等新的生活阅历与感受的需求。家庭本身的稳固性使家庭成员容易对家庭生活本身难以提起兴趣，旅游无论从时间或是空间上，对整个家庭都是一个全新的体验，旅游过程中新奇的体验和对感官的刺激，都有利于使一成不变的家庭在新鲜的环境中焕发新的活力；第五层次体现为一种生活方式的需求，这与自我实现的需求处于同一层次。当家庭旅游成为一种生活方式，那么对于建立新的家庭理念，构建新的生活方式都是一种有益的尝试。

3.3 中国人口自然结构变动对城市家庭旅游需求的影响

正如前文所述，本书的研究将人口结构变动限定在包括年龄和性别在内的人口自然结构层次进行分析。探讨中国人口结构变动对城市家庭旅游需求的影响，首选需要厘清中国人口结构变动与城市家庭结构变动之间的关系。

3.3.1 人口自然结构变动带来的城市家庭结构变动

3.3.1.1 核心家庭增多

中国传统家庭多以大家族为主，四世同堂是家庭结构的常态。随着经济发展水平和人们生活质量的提高，家庭观念也发生了转变。"根据2005年底全国1%人口抽样调查结果显示，城镇平均每个家庭户的人口为2.97人。"[1]根据国家统计局数据显示，2007至2012年的人口抽样调查中，城镇居民家庭平均每户家庭人口为2.9人。[2]这说明了我国城市家庭人口的规模正在不断减小，以一对夫妻与未婚子女组成的核心家庭成为社会家庭结构的主体。

---

①林南枝，陶汉军.旅游经济学 [M].天津: 南开大学出版社, 2000.
②中华人民共和国统计局数据库: http://data.stats.gov.cn/workspace/index? m=hgnd

3.3.1.2　单亲家庭增多

单亲家庭也是核心家庭的一支，这种家庭由父母中的一方与未婚子女组成，需要强调的是，这里的单亲家庭主要指由于父母离异而形成的家庭结构。根据国家统计局进行人口抽样调查统计，2004年15岁及以上离婚人口数为10777人，2008年为11164人，2011年达到12915人，2013年高达14778人。离婚率的不断上升增加了单亲家庭的数量。

3.3.1.3　丁克家庭数量增大

由于独生子女在家庭成长过程中性格的改变，尤其对自由和自身生活质量非常重视，不愿承担抚养子女的责任，导致我国丁克家庭的数量不断增加。"1978—1988年十年间，中国自愿不育夫妇已超过30万对。"[①]丁克家庭主要集中在一线发达城市，并且夫妻双方都具有高教育、高收入的背景特征。

3.3.1.4　独身家庭成为新的家庭结构

长久以来，中国的传统是子女成家后才会自立门户，成立新的家庭。随着中国人口性别比的严重失调，一方面，男性由于择偶困难，往往选择成立独身家庭；另一方面，由于女性在择偶方面的优势，往往不愿降低标准，而产生"大龄剩女"的现象。但这部分女性往往具有较高的收入，因此离开父母成立独身家庭。但总体而言，男性独身家庭比例高于女性独身家庭。

3.3.1.5　空巢家庭增多

空巢家庭指子女已离家的只有中老年夫妇的家庭结构。核心家庭成为社会的主体，使子女成家后会立即搬离父母家。同时，由于我国城市间发展程度差异大，往往三线城市家庭的子女会在二线、一线城市

---

① 王洪兰.城市家庭旅游消费研究[D].山东师范大学硕士学位论文，2008.

寻求工作机会，一旦求职成功，留在老家的中老年父母便成为空巢家庭。正是因为这两方面的原因，空巢家庭在我国家庭结构中的比例逐渐上升。

3.3.2 家庭结构多样化带来城市家庭旅游需求的差异性

在众多对家庭旅游消费决策的研究中，多次探讨家庭旅游消费决策的主体究竟是谁，父亲? 母亲? 孩子? 而大多研究认可，城市家庭旅游消费的决策往往是集体决策。[①]但在核心家庭中和单亲家庭中，家庭旅游消费决策往往是以孩子的兴趣为取向。因为核心家庭进行家庭旅游最主要的目的往往是通过旅游加强亲子关系，同时通过旅行开拓孩子眼界，丰富孩子的知识。在单身家庭中，男性的旅游决策往往倾向于冒险、猎奇的动机，女性则热衷于购物、休闲、观光。在丁克家庭中，由于夫妇双方没有抚养子女的压力，同时收入普遍较高，他们对旅游质量本身的预期较高，往往以度假促进感情为目标，而对价格却不太敏感。空巢家庭往往更加看重旅游的安全度、舒适度，但往往对旅游价格比较敏感。

由年龄和性别结构组成的人口自然结构的变动，带来了我国家庭结构的转型。从传统中国式大家庭向一系列新型家庭的转型，使以家庭为主体的城市家庭旅游消费出现了新的需求特征。下面的章节中，将以吉林省家庭旅游消费问卷调查结果为蓝本，具体探讨人口自然结构变动对城市家庭旅游消费的影响。

---

①王慧媛.国内外家庭旅游文献综述 [J].青岛酒店管理职业技术学院学报, 2009 (03)：32-37.

第2章 吉林省人口自然结构的变动与城市家庭旅游消费分析

1 吉林省人口总量及结构变动分析

随着时间和社会经济条件的变动，人口状况也处在不断变动的过程中，人口变动包括自然变动、迁移变动和社会变动三种不同类型。受人口出生和死亡等自然因素影响而形成的人口数量、年龄结构和人口性别比的变动是人口变动的决定性因素，人口变动也主要体现为数量和结构两方面的变动。

吉林省地处中国东北部，面积18.74万平方公里，占全国总面积的2%，该省地缘位置特殊，与朝鲜、俄罗斯相邻，地处东北亚的几何中心地带。根据第六次人口普查数据显示，截至2010年，我国31个省、自治区、直辖市和现役军人的人口为133 972万人，吉林省常住人口为2 746万人，约占全国人口总数的2.04%。

1.1 吉林省人口总量变动分析

根据中华人民共和国成立后的六次人口普查数据来看，吉林省人口总数一直处于增长状态，尤其是1964—1982年间，吉林省人口增长速度达到峰值，见表2-1。1982年吉林省人口总数相较于1964年增长689万人，年均增长率达到2.05%，1964年吉林省人口总量占全国人口总量比重达到历史最高点，人口总量占比达到2.26%，此后，吉林省人口总量占全国人口总量的比例缓慢下降。1990年以后，吉林省人口总数增长速度减缓，1990—2000年年均增长1.01%，2000—2010年吉林省人口年均增幅降至0.10%，2010年吉林省人口总量占全国人口总数比例也下降至2.04%，从图2-1吉林省2000年以来人口总量变动趋势来看，2009年以来，吉林省人口增长速度迅速下降。2012年吉林省人口总量为2 701.5万人，较2011年的2 726.5万人减少了25万人，并低于2008年的人口总量，这是进入21世纪以来，吉林省人口总量首次出现负增长。

表2-1 历次人口普查数据

单位: 万人 %

	1953年		1964年		1982年		1990年		2000年		2010年	
	人口	比例	人口	比例	人口	比例	人口	比例	人口	比例	人口	比例
全国	59 435	100	69 458	100	100 818	100	113 368	100	126 743	100	133 972	100
吉林省	1 129	1.9	1 567	2.26	2 256	2.24	2 465	2.17	2 727	2.15	2 746	2.04

数据来源: 普查数据, 中华人民共和国国家统计局, http://www.stats.gov.cn/tjsj/pcsj/

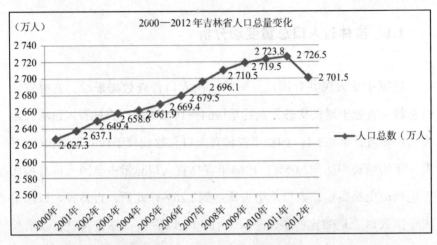

图2-1　吉林省人口总量变动

数据来源:《吉林统计年鉴》

人口密度是衡量一个地区人口变动的重要变量，也是人口分布的主要表现形式，吉林省从人口总体分布情况来看，随着吉林省人口总量的不断增长，人口密度也相应增大，1990年至2010年这二十年间，吉林省人口密度一直处于缓慢增长的状态，随着吉林省人口总量增长逐渐趋缓，人口密度增长率也在下降。另一方面，吉林省人口密度并不是均衡增长的，人口分布越来越呈现出不均衡的状态。根据相关学者对于吉林省人口分布变动的计算和分析，1990年至2000年间，吉林省人口集中程度高于2000年至2010年，包括长春市、吉林市、辽源市和四平市这几个省内重要市县行政区划的吉林省中部地区人口集中指数增幅要大于东部和西部地区。①

①梅林, 陈妍.吉林省人口密度空间格局演变及其形成机制[J].人文地理, 2014(4): 92-97

1.2　吉林省人口自然结构变动分析

1.2.1　吉林省人口年龄结构变动分析

根据吉林省历次人口普查结果，少年儿童在人口总量中的比重逐步下降，而老年人口比重却在不断提升，2010年，吉林省0～14岁的人口共有329.3万人，占吉林省人口总量的11.99%，较2000年的517.06万人减少了187.76万人，比重下降了6.97个百分点，较1953年第一次人口普查结果更是下降了3倍多；15～64岁的人口为2 186.7万人，由2000年的2 051.2万人上涨至2 186.7万人，占比79.63%，上升了4.44个百分点；65岁及以上的人口为230.3万人，占全省人口总量的8.38%，该年龄段人口数量较第五次人口普查增长70.6万人，比重上升了2.53个百分点，[①]第六次人口普查的老少比较第二次人口普查增长了十倍（表2-2）。

表2-2　吉林省历次人口普查年龄结构[②]

年份	0~14岁少年儿童人口比重(%)	15~64岁劳动年龄人口比重(%)	60岁及以上老年人口比重(%)	65岁及以上老年人口比重(%)	老少比(%)	年龄中位数（岁）
1953	39.1	57.8	6.0	3.1	8.1.	20.9
1964	45.7	51. 1	5.5	3.2	7.0	17.4
1 982	33.2	62.8	6.3	4.0	12.0	22.2
1990	26.2	69.3	7.2	4.5	17.2	25.9
2000	18.9	75.0	9.4	6.1	32.3	32.7
2010	12.0	79. 6	13.2.	8.4	70.0.	39.1

①数据根据《吉林省2010年第六次全国人口普查主要数据公报》和《第五次人口普查公报——吉林》，中华人民共和国国家统计局整理计算得出。

②纪相禹.吉林省人口老龄化趋势及影响研究[D].吉林大学硕士论文，2013.

　　按照国际社会的一般标准，当一个国家或地区60岁以上老年人口占人口总数的10%，或65岁以上老年人口占人口总数的7%，这个国家或地区就进入到人口老龄化阶段。早在2003年，吉林省65岁人口占比达到7.05%，自此吉林省进入老龄化社会。截至2012年末，吉林省60岁以上人口总数为405.37万人，已占全省总人口的15%。从 2000 年到 2011 年间，吉林省总人口增长了 2.43%，而老年人口比重增加了 2.63 个百分点，从 6.05%上升到 8.73%[①]，吉林省人口老龄化速度已然高于人口总量增长速度，这意味着吉林省人口老龄化进程的加快。

　　一方面，计划生育政策的长期实施，不仅在外在表现上使出生人口逐年减少，同时改变了人们的结婚生育观念；另一方面，随着吉林省经济社会的发展，人民生活水平和医疗、养老等社会公共产品提供能力的增强，人口的预期寿命增长，这两方面的共同作用使吉林省出生人口数量逐年减少，人口死亡率同比下降，改变了吉林省人口年龄结构，加速了吉林省人口老龄化的进程。1970年，吉林省人口出生率为33.22‰，1980年下降到15.81‰，2000年下降到9.53‰。[②]从近8年的情况来看，除2010年人口出生率上升外，其余年份人口出生率照比上一年度都有所下降，如表2-3所示。据《吉林省人口老龄化现状与发展趋势研究的报告》预测，老年人口将在相当长一段时间内持续增长。到2040年，吉林省60 岁及以上老年人口将增长至1048.48万人，老年人口总量将近2010年的3倍，年均增长22.86万人，2055年吉林省60岁及以上老年人口占全省人口总量的比例将达到峰值，从2010年的13.21%上升到

①姚兴家.吉林省人口老龄化和养老服务对策研究 [D].吉林大学硕士论文, 2013.
②吉林省人口老龄化发展状况分析, 吉林统计信息网 [EB/OL]. (2012-12-12) http://tjj.jl.gov.cn/tjfx/2008/201212/t20121212_1351264.html

48.98%。[①]

表2-3　2005—2012年吉林省人口出生率情况

单位: 万人, ‰

年份	2005年	2006年	2007年	2008年	2009年	2010年	2011年	2012年
总人数	2 716	2 723	2 729.82	2 734.21	2 739.55	2 746.60	2 749.41	2 750.40
出生人口	21.4	21.0	20.58	18.18	18.33	21.73	17.95	15.76
人口出生率	7.89	7.67	7.55	6.65	6.69	7.91	6.53	5.73

数据来源：《吉林统计年鉴》

　　吉林省人口年龄结构的变动不仅突出的反映在宏观数据统计上，从微观的家庭人口年龄结构比重和包含不同年龄段家庭户数中也能得到清晰的体现。根据第六次人口普查结果，2010年吉林省共有家庭户数899.8万个，其中，有老年人的家庭户达230.1万个，占家庭户总数的18.1%，也就是说，2010年在吉林省，有将近20%的家庭中至少有一个60岁及以上的老年人，其中，有两个老年人的家庭户数达到58.5万个，占吉林省家庭总户数的6.5%，另有0.1%的家庭中有三个及以上老年人。[②]而在2000年，吉林省共有家庭户数795.80万个，有至少一个老年人的家庭125.73万个，占家庭总户数的15.8%。10年间，吉林省有老年人的家庭比重上升了2.3个百分点。

1.2.2　吉林省人口性别比变动分析

　　人口自然结构包括人口年龄结构和人口性别结构两部分内容，人口性别结构变动对人口自然结构有重要影响，通常，人口性别结构通过

---

①王聪.人口老龄化对吉林省居民消费的影响研究 [D].吉林大学硕士论文, 2014.

②吉林省人口老龄化发展状况分析, 吉林统计信息网 [EB/OL].（2012-12-12）http://tjj.jl.gov.cn/
　　tjfx/2008/201212/t20121212_1351264.html

人口"性别比"来评估和衡量。人口性别比就是每100位女性对应的男性数目,总体人口性别比和出生人口性别比是评估、衡量一段时期内某国家或地区人口性别结构是否均衡的两种方式。在自然状态下,女婴存活率高于男婴,女性寿命也比男性更长,总体人口性别比小于100;而由于X、Y精虫能力差别,出生人口性别比则要高于100。根据联合国1955年10月发布的《用于总体估计的基本数据质量鉴定方法》(手册Ⅱ),"每出生100名女婴,其男婴出生数置于102~107之间。"[①]根据这一方法,国际上将人口出生性别比的理论值界定在102~107之间,不低于102、不高于107也就成为衡量人口性别结构是否失衡的通用标准。

20世纪70年代以前,中国人口生育基本处于无控制状态,人口生育率较高,出生人口性别比相对均衡,人口性别比处于不受人为因素影响的自然波动与变动状态。根据第一次和第二次人口普查数据,吉林省1953年、1964年出生人口性别比分别为101.75和102.70。进入20世纪80年代,随着计划生育政策的落实,人口出生率大幅下降,然而随之而来的却是人口出生性别比的上升。自1982年第三次人口普查以来,中国人口出生性别比就一直高于国际标准值上线,1990年后人口出生性别比上升至111.36并持续增长,一直居高不下。从全国情况来看,1990—2000年这十年间,中国出生人口性别比增长最快,进入21世纪以后,全国人口出生性别比增长速度趋缓,但仍然远远高于107的国际标准值上线。根据历次人口普查结果,与全国出生人口性别比变动情况相比,自1982年以来吉林省出生人口性别比无论在数值上还是在增长速度上都要低于全国水平,但也超过了102~107理论值。与全国情况相似,1990—

①侯建明.我国出生人口性别比问题研究[D].吉林大学硕士论文,2006.

2000年这十年间，吉林省出生人口性别比上升最快，并在2000年超过了110，但在2000年至2010年这十年间，吉林省人口性别比数值下降，2010年，吉林省人口出生性别比下降至107.02，基本接近国际公认的自然状态下的理论值，如图2-2所示。

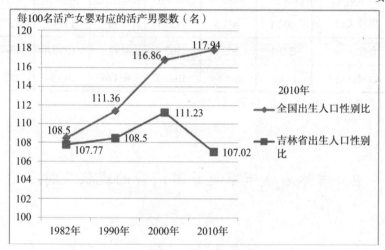

图2-2 出生人口性别比变动情况

数据来源：吉林统计信息网

从整体人口性别比情况来看，根据历次人口普查年份的公安部门年报数字，吉林省整体人口性别比一直处于下降趋势，这与1982年以来出生人口性别比的持续增长恰恰相反，但在数值上一直高于100。1953—1982年吉林省整体人口性别比下降幅度大，自1982年开始，整体人口性别比缓慢下降。造成吉林省整体人口性别比如此变动的原因主要来自两方面：第一，医疗水平的提高使人口预期寿命增长，由于自然生理原因，女性的预期寿命高于男性，这是吉林省整体人口性别比一直在下降的一个重要原因；第二，1982年后吉林省出生人口中男性比例高于女性比例，减缓了因人口预期寿命增长带来的人口性别比下降。据此预判，在理论上，吉林省老龄人口中女性高于男性，而在青少年人口中男性高于女性，如表2-4所示。

表2-4　吉林省整体人口性别比

单位: 万人

年份	1953年	1964年	1982年	1990年	2000年	2010年
男性人口	602.1	831.3	1155.1	1248.1	1336.5	1377.7
女性人口	531.1	763.8	1102.5	1192.1	1290.8	1346.1
人口性别比	113.37	108.84	104.77	104.69	103.54	102.35

数据来源: 公安部门年报数字

2　吉林省城市家庭旅游消费的现状及特征

随着社会经济的发展和进步，城市家庭经济收入明显增加，居民消费观念也发生变动，城市家庭消费从侧重于食品等的基础性消费逐步转向对发展和享受型消费的追求，城市家庭旅游消费在家庭消费结构中所占的比重上升。2013年吉林省城镇居民人均可支配收入达到22 275元，是2005年城镇居民人均可支配收入的2.6倍，[①]城市家庭在交通和通信、文化娱乐方面的消费所占比重也在不断上升。

本小节结合城市家庭旅游消费的调查问卷，分析总结吉林省城市家庭旅游消费的现状和特征。问卷调查对象以长吉两市为例，涉及各行各业在长春市或吉林市生活三年以上的城市住户，调查共发放问卷

---

①吉林省2013年国民经济和社会发展统计公报,吉林省统计信息网［EB/OL］.（2014-03-21）
　　http://tjj.jl.gov.cn/tjgb/ndgb/201403/t20140321_1635638.html

662份，回收问卷629份，有效问卷595份。其中，家庭年收入水平在5万～10万的有178人，占29.91%，家庭年收入在10万～20万元和3万～5万元的分别有113人和111人，各占总数的18.66%和18.99%，家庭年收入在3万元以下的约占17.98%，另有14.45%的受访者家庭年收入超过20万元。在所有调研对象中，有27.57%的家庭中无子女。

2.1 吉林省城市家庭旅游消费的现状

2.1.1 城市家庭旅游消费意识提升，但能力依然较低

根据统计，在长吉两市被调研对象中，只有14.45%的受访者表示一年之中没有家庭旅游消费的计划和记录，85.55%的受访家庭每年都有至少1次的家庭旅游消费行为，这也在一定程度上反映了以长吉两市为代表，目前大部分吉林省城市家庭具备家庭旅游消费的意识，并做出了切实的行动。对于大多数家庭而言，家庭旅游消费已经成为一项重要的，并且具有一定常规性的家庭消费内容。调查数据也显示，有超过一半以上的家庭每年进行家庭旅游消费的次数不超过2次，每年以家庭为单位进行5次及以上旅游消费的仅占受访总量的7.23%。也就是说，尽管吉林省城市家庭旅游消费的意识有所提升，但进行家庭旅游消费的次数和频率并不高。

作为一种消费行为的城市家庭旅游消费，受到家庭经济情况、休假时间长短与频次多少、家庭消费观念和消费习惯以及社会整体消费氛围等多方面因素的影响。根据对长吉两市的随机抽样调查结果显示，36.8%的家庭每年用于旅游消费的资金在3 000元以下，另有44.87%的受访家庭每年有3 000元～10 000元应用于家庭旅游消费，超过10 000元的家庭占受访家庭总量的15%，而超过30%的调研对象家庭年收入超过

100 000元，这也就意味着，长吉两市城市家庭用于家庭旅游消费的资金远低于家庭年收入的10%，旅游消费在家庭总体消费中所占比例并不高，如图2-3、2-4所示。

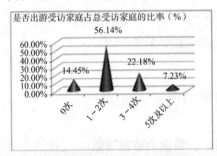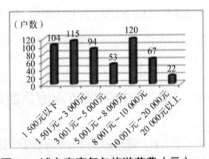

图2-3　城市家庭每年出游次数　　　图2-4　城市家庭每年旅游花费（元）

2.1.2　城市家庭旅游消费决策大多是全家协商的结果

大部分随机抽样的调查对象家庭都是呈"倒金字塔"形的"421家庭"或"核心家庭"①，其中，有1个6岁以下学龄前儿童的家庭占样本总量的18.65%，有1个6～18岁在学孩子的占比为32.27%，另有15.97%的受访对象家庭孩子正在读大学。在超过一半的家庭中，家庭旅游决策是全家共同商定的结果，由孩子做出家庭旅游决策的仅占11.26%，家庭中有孩子的受访对象占样本总量的72.43%，也就是说，在有子女的家庭中，仅有15.55%的家庭旅游决策是由孩子做出的，子女在家庭旅游消费上的决定权要低于父母中的任何一方。虽然由夫妻双方中的一方做出旅游决策的比例并不高，但女性在家庭旅游消费决策中更占有主导性。

然而，"决策的主导者往往并不是决策的主要影响者，或者说，作

①核心家庭（nuclear family）是指夫妇及其子女组成的家庭。核心家庭可进一步分为夫妇核心家庭，即只有夫妻二人组成的家庭；一般核心家庭，即一对夫妇和其子女组成的家庭；缺损核心家庭，即夫妇一方和子女组成的家庭；扩大核心家庭，夫妇及子女之外加上未婚兄弟姐妹组成的家庭。本论述中的"核心家庭"指狭义上的"标准核心家庭"。相关论述参见王跃生.当代中国家庭结构变动分析［J］.中国社会科学, 2006（1）: 96-108

何种决策并不一定是从决策人本身的需要出发。"[①]孩子作为决策主导者比重低，并不意味着在家庭旅游消费中对孩子的偏好、关注和影响不重视，相反，家庭旅游消费决策大多将对孩子的教育和与孩子感情的培养放在突出重要的位置上。根据对"家庭国内旅游动机"的问题回答数据统计，有178位受访者将"让孩子长见识，学习教育"列为家庭旅游动机，认为家庭国内旅游是为了"与孩子共享天伦之乐，增进了解"的有152位，这是除"游览观光"这一动机偏好外，动机偏好倾向选择人数最多的两个答案。由此可知，尽管孩子在家庭旅游消费决策中并不占有绝对意义上的主导权，但对孩子的教育和影响是家庭旅游消费决策中的重要因素，如图2-5、2-6所示。

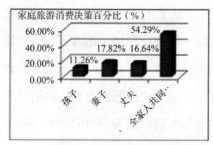

图2-5　全家出游时谁说了算

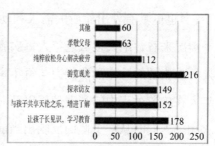

图2-6　家庭国内旅游动机

2.1.3　老年人旅游频次和消费数额较高

当前，医疗水平的提高使人们预期寿命延长，老年人生活能力和生活质量都得到提高，老年人个人行动能力的增强使其对晚年文化娱乐生活有了更高追求。另一方面，社会养老保险、养老服务等公共产品提供能力和提供水平不断增强，截至2015年1月，"吉林省将连续第11年提高企业退休人员基本养老金水平，首次提高城乡居民基础养老金标准。

---

①郭磊, 胡道华.城市核心家庭旅游行为分析［J］.商业时代, 2012（8）: 116-118.

同时，继续提高居民医保补助标准，由人均320元提高到380元，"①这使吉林省老年人的可支配收入增多，外出旅游有了更多经济上的保障。应该说，老年人外出旅游的基本条件都已经具备。更重要的是，现代社会生活节奏的加快，成年子女工作压力不断增大，越来越多的成年子女与老年人分开生活，形成"空巢"家庭，这就进一步增强了老年人摆脱子女独立进行外出旅游的需求和动机。

从调查统计数据结果上看，有超过7成的家庭中有老年人外出旅游，约有20%的家庭老年人每年进行2次以上的外出旅游。应该说，现代社会发展使老年人从繁忙的工作和家庭负担中解脱出来，相较于中青年人，老年人的休闲时间也比较充足，外出旅游受到的时间限制也比较少，②也更具有外出旅游的需求和动机。从老年人每次旅游平均消费水平情况来看，绝大多数老年人每次旅游平均消费在5000元以下，但老年人每次旅游的总体消费能力与每年家庭旅游消费花费所差无几，这与老年人在旅游过程中的消费偏好以及对于交通、住宿等方面更高的消费需求相关，同时从一个侧面反映出当前老年人旅游消费能力的增强和消费水平的提升，如图2-7、2-8所示。

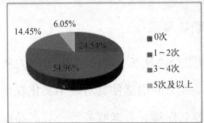

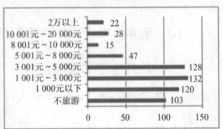

图2-7　每年家庭中老年人旅游次数　　图2-8　老年人每次旅游平均消费水平

---

①我省第11年提高企业退休人员养老金水平 由320元提高到380元, 长春新闻网［EB/OL］.
　（2015-01-17）http://www.ccnews.gov.cn/zcxw/zcyw/201501/t20150117_1376294.htm
②荣飞琼, 张晓燕.我国人口老龄化与老年旅游的新发展［J］.西北人口, 2006（7）: 63-65

2.2　吉林省城市家庭旅游消费的特征

2.2.1　吉林省城市家庭旅游消费成为时尚

20世纪80年代，中国计划生育政策出台以来，吉林省切实贯彻落实这一缓解人口和发展问题矛盾的政策，人口出生增长率缓慢下降，并在2010年后首次出现了人口总量下降的情况。而在另一方面，随着吉林省经济社会的发展，城市家庭经济权利分散和传统大家庭式的家族主义观念的弱化，家庭分化速度却在不断上升。"家庭规模的大小取决于两个因素：一是家庭分化的速度，二是人口增长的速度。如果家庭分化速度快于人口增长速度，那么，家庭规模就会逐步减小。"[①]根据《吉林统计年鉴》的统计数据，2000年吉林省内共有795.80万户，户均人口3.32人，2010年省内家庭户数增长至900.16户，户均人口不到3人/户，自2005年以来，吉林省户均人口基本上逐年下降，并从2008年开始，下降幅度开始增大，其中城市家庭户均人数的减少相较于村镇更为明显。

家庭规模与家庭成员的户外活动时间成反比[②]，因而，吉林省城市家庭规模小型化的一个重要结果就是使城市家庭有更多的时间和资金进行外出旅游，尤其是"小长假"的增多，使以家庭为单位进行的中短途旅游成为小家庭假期生活的重要选择。吉林省内自然景观、历史遗迹、边境风光和以东北"乡村乐"为代表的旅游资源十分丰富，尤其在促进吉林省内城市家庭进行不出省的中短途旅游方面具有得天独厚的优势，这也使吉林省内城市居民在"小长假"期间外出旅游的愿望十分高涨，

①宋萍.析我国家庭规模小型化趋势及其对消费的影响[J].人口学刊, 1998 (3)：28-30
②王红兰.城市家庭旅游消费研究[D].山东师范大学硕士论文, 2008.

吉林省内资源条件基本能够满足小型化家庭个人休闲度假、健身疗养的旅游消费需求。对于吉林省城市家庭而言，利用假期时间进行旅游消费越来越成为一种时尚，如表2-5所示。

表2-5   2005—2012年吉林省家庭户数及户均人口变动情况

单位: 万户, 人/户

年份	2005年	2006年	2007年	2008年	2009年	2010年	2011年	2012年
总户数	851.00	859.00	862.19	894.87	908.14	900.16	944.81	958.33
户均人口	3.16	3.14	3.15	3.03	3.02	2.94	2.91	2.87

2.2.2   旅游消费具有多样性，观光旅游尤其受欢迎

当前，吉林省城市家庭旅游消费业已成为一种消费时尚，家庭旅游消费体现出了差异性和多样性。这种多样性首先是由家庭结构的多样性产生的，吉林省城市家庭规模小型化的过程，不仅是简单的现代家庭结构逐步取代传统的家族主义家庭结构的过程，也是大家族的家庭结构在分化的过程中不断产生出新的家庭结构形态的过程。举例来说，传统的家庭分类包括核心家庭（夫妇及其子女组成的家庭），主干家庭（父母和一个已婚子女所组成的家庭模式）以及联合家庭（父母和两对或两对以上已婚子女所组成的家庭，或者是兄弟姐妹婚后不分家的家庭），[①]这种传统的家庭结构模式分类方式已经不能满足现实发展的需求。现代人们家庭意识和观念的变动以及社会包容性的增强使得非传统的家庭结构模式逐步显现，丁克家庭、单亲家庭、单人户家庭、空巢家庭等家庭结构模式在家庭户中所占比重都有所上升。

小型家庭不同于传统的大家庭，城市家庭规模的小型化使生活于

---

①沈奕斐.个体化与家庭结构关系的重构——以上海为例 [D].复旦大学博士论文, 2010.

其中的个体的自由度和自我掌控能力提高了。①在日趋多样化的小型家庭中，个人的独立性和个体性在家庭生活中的释放，使得城市家庭在旅游消费选择和消费决策上更加具有个性化的特征，不再盲目跟从，而是充分考虑个体家庭消费需求和消费偏好。传统大家庭的分化和家庭结构模式的多样化，决定了组成每一种家庭结构模式的家庭户人口年龄、性别等人口自然属性的差异性，这些家庭结构模式的自然差异加上个体旅游消费偏好的不同，自然形成了当前吉林省城市家庭旅游消费的多样性，并且这种特性将随着家庭分化类别的增多和家庭人口个体性需求意识的增强而表现得日趋明显。

其次，吉林省城市家庭旅游消费的多样性与旅游消费发展的普遍性相关。1993年以后，中国城镇居民真正具备条件进行家庭旅游消费，通过对吉林省长吉两市的问卷调查可以发现，具有家庭旅游消费意愿和行为的不仅局限于高收入家庭，中等偏低及以上家庭都将家庭旅游消费作为文化娱乐消费中的一项重要内容，可以说，城市家庭旅游消费是一项具有一般性和普遍性的城市家庭消费内容。在进行家庭旅游消费的调查对象中，年龄、职业、受教育程度等基本信息都具有明显差异性，这些差异直接影响家庭旅游消费的消费能力、消费动机、决策制定和内容选择，因而，作为结果的吉林省城市家庭旅游消费多样性也就成了自然而然的事情。

尽管如此，吉林省城市家庭旅游消费还是呈现出了一定程度上的共同性。根据问卷调查结果，从家庭国内旅游动机来看，将"游览观光"列为家庭旅游首要动机的受访对象最多；在旅游景点家庭喜好程度排序中，排在前三位的分别是"自然风光""历史古迹"和"民俗风

①盖玉妍.城市家庭变迁下的居民旅游消费价值观取向探讨[J].青海社会科学，2012（3）：33-36+47

情";认为"享受美丽的自然风光""回归自然"是家庭外出旅游推力因素在所有推力因素中所占比例最高的,而与此相对应,"良好的大气环境""优美的山岳或水体资源"这两个与自然观光直接相关的引力因素所占比例最高。对于观光旅游的偏好成为吉林省城市家庭旅游消费的最大共性。

2.2.3　短途自驾游增多,对交通工具舒适性要求高

2013年吉林省内本地居民自驾游游客数目达到1349.89万人次,占吉林省全部游客的13.2%,[1] 短途自驾游成为吉林省城市家庭热衷的一种旅游方式。从主体性因素角度分析,这反映了吉林省城市家庭旅游消费逐渐走向成熟和理性,这是一种消费目的和消费心态的变动。吉林省城市家庭消费不再单纯追求对名山大川、名胜古迹的探访,逐步摆脱了旅游消费决策上的盲目跟风和跟团旅游的消费被动性与非自主性,更注重家庭旅游带来的家庭成员间感情增进,身心放松等更具个体性的旅游消费体验和感受。

从客观因素来看,首先是在全国层面的假期设置上,适合于中短途旅游的"小长假",成为吉林省城市家庭出游高峰。除老年人外,其他家庭成员在旅游时间上受到一定的限制,尤其是家庭分化和城市家庭小型化发展速度快,家庭户人口年轻化趋势增强,使选择"小长假"期间进行中短途旅游的家庭增多。其次,吉林省内自然和人文旅游资源丰富,能够满足吉林省内城市家庭的多样性旅游需求,尤其是城市家庭比较喜欢的"农家乐"旅行,正是吉林省的特色旅游资源,这使吉林省城市家庭旅游消费目的地选择完全不需要追求更远的地点。最后,随着社

---

①2013年吉林省国内旅游业运行情况分析,吉林统计信息网[EB/OL].(2014-03-11)http://tjj.jl.gov.cn/tjfx/2008/201403/t20140311_1629691.html

会经济水平的提高，越来越多的城市家庭都拥有私家车，为顺应人们自驾游的消费需求，提供租车服务的机构也日益增多，2013年吉林省民用汽车保有量已达246.8万辆，较2012年增长22.7%，这为吉林省城市家庭自驾游提供了条件。

另外，根据对吉林省长吉两市家庭旅游情况的随机抽样问卷调查，在家庭旅游消费选择和喜欢的交通工具中，选择飞机（47.56%）和自驾（38.99%）的受访者最多，二者总体占到总数的86.55%，大多数调查对象在家庭短途旅游中都会选择自驾的方式。对于中短途家庭旅游来说，自驾是一种灵活、舒适并符合个体性需求的交通方式，同样，飞机是长途旅行最适宜的交通工具，因其快捷、舒适，很多进行中短途旅游的家庭也会选择飞机出行。事实上，相比于火车、公共汽车等交通工具，无论飞机还是自驾价格都偏高，由此可见，吉林省城市家庭在旅游出行工具的选择上并不将价格作为首要的因素加以考量，而是以飞机和自驾为主，对于交通工具舒适度的要求相对较高。

2.3　不同类型家庭旅游消费的特点

2.3.1　家庭结构分类

对家庭结构的分类可以遵循不同的依据，最通行的办法是依据代际家庭成员血缘和婚姻关系进行不同类型之间的区分，学者王跃生将家庭结构分为核心家庭、直系家庭、复合家庭、单人家庭、残缺家庭及其他六个不同的大类[1]，另有学者按照家庭户代际数和人数将家庭结构大体分为一人户、一代户中二人户、二代户中二人户、二代户和三代户及

---

[1]王跃生.当代中国家庭结构变动分析[J].中国社会科学, 2006（1）: 96-108.

以上五种基本类型①。随着社会的发展变动，中国城市家庭结构类型越来越趋于多样化，也越来越复杂。在较早时候进行的1982年"中国五城市家庭调查"中，据此将家庭分为核心家庭、主干家庭和联合家庭等五种不同类型，在1993年的调查中，家庭结构共分了13类；1997年根据需要，又调整为11类。②从全国家庭结构情况来看，所占比例较高的分别是标准核心家庭、夫妇家庭、三代及以上直系家庭和单人户，其中，夫妇家庭和单人户家庭增幅较大，城市家庭中标准核心家庭、夫妇家庭和单人户家庭这三种类型增速快。

2.3.1.1　标准核心家庭

标准核心家庭是指一对夫妇和其子女组成的家庭，被认为是现代社会的主流家庭结构，拉尔夫·林顿认为，夫妻和子女是"一切家庭结构的基础"。③标准核心家庭是目前中国占比最高的一种城市家庭结构形态，也是最为典型的二代户家庭结构。中国在1979年开始实行计划生育基本国策，该政策实施三十多年来，不仅在控制人口上起到了巨大作用，也对现代家庭结构形成了重要影响，在此政策作用下，多数标准核心家庭都是独生子女家庭，也就是我们最常见的"三口之家"。在这样的家庭中，孩子在家庭中的地位和重要性突出体现在代际关系上，孩子与父母间的关系趋于平等化。

2.3.1.2　夫妇家庭

除了标准核心家庭外，仅有一对夫妇没有孩子的两人户家庭大量出现，并有不断增长的趋势。从大的分类上来看，夫妇家庭也是核心家

---

①陈垚宇.吉林省家庭结构现状及变动研究——以六普数据为依据[D].东北师范大学硕士论文, 2013.

②刘宝驹.现代中国城市家庭结构变动研究[J].社会学研究, 2000(6)：31-37.

③王昊.城市家庭结构嬗变与文化消费的发展和困境——以沿海经济发达地区为例[J].经济研究导刊, 2010(5)：84-87.

庭中的一种模式，具体分为两种不同的类型，其一是婚后不生孩子的年轻夫妇家庭，这种类型的夫妇家庭又被称为"丁克家庭"，其二是子女外出工作或学习，或是适婚年龄子女自立门户，脱离"母巢"而形成的"空巢家庭"。前者主要是当前年轻夫妇生育观念变动和工作压力增大的产物，后者是家庭自然分化、人口流动和家庭养老方式转变的结果。

2.3.1.3 单人户家庭

根据2010年第六次全国人口普查结果显示，2000年至2010年这十年间，全国单人户家庭已经从家庭户总数的8.57%上升至13.67%，[①]成为增长速度最快、幅度最大的家庭结构类型。单人户家庭的增多既是人口自然结构变迁的结果，同时也源于社会的发展和变动。年龄偏大的单人户家庭主要是由"空巢家庭"演变而来，这部分单人户家庭主要是由于老年人口丧偶后独自居住而形成的，由于女性预期寿命高于男性，因而老年单人户家庭在性别上女性多于男性，尤其是70岁以上的单人户家庭，男女性别比差距较大。中年单人户家庭的产生与当前夫妻离婚率的上升有直接关系，而青年单人户家庭的产生在人口自然结构上是由于80年代以来日渐失衡的出生人口性别比造成的，从社会层面上看，与年轻人晚婚的观念和城市居民住房条件的改善有很大关系。

2.3.2 主要家庭结构类型家庭旅游消费特点

2.3.2.1 子女影响成为核心家庭旅游消费重要因素

核心家庭，尤其是"两代户，三口人"的标准核心家庭，是目前中国城市家庭的一种基本的家庭结构模式。这种小型化家庭使每一个个体在家庭中的地位和角色都得到了凸显，尤其是在计划生育政策下，城

---

①王跃生.中国城乡家庭结构变动分析——基于2010年人口普查数据[J].中国社会科学, 2013 (12)：60-77.

市家庭中独生子女家庭占绝大多数。这种简化的家庭结构使得代际关系变得更为清晰，父母对代际关系维护的重视程度更高，在家庭决策中父母更多尊重、重视孩子的权利。在标准核心家庭模式下，孩子地位普遍提高，参与家庭生活的能力大大增强，在家庭消费中角色地位的提升，[①]突出地体现在家庭旅游消费中。

曾有学者通过问卷调查发现，"在有孩子的核心家庭和延续型家庭结构中，孩子的旅游决策影响力是最大的。特别是在核心家庭，孩子作为家庭旅游决策主要影响者的比例明显地高于父母。"[②]虽然大多数未成年子女不具有独立的消费能力，子女在家庭旅游消费中较高的决策影响力也并不意味着孩子在家庭旅游消费中占有主导权，但出于孩子立场的旅游消费动机和孩子的旅游消费偏好是标准核心家庭做出旅游消费决策的重要依据。

2.3.2.2　夫妇家庭旅游消费更注重享受

年轻人具有时尚敏感、消费活跃、消费意愿强、收入转化为消费的比例高的特点，[③]尤其是现在没有孩子的年轻夫妇家庭（即"丁克家庭"），这些年轻人大多接受过良好的教育，具有稳定的工作和较高的收入，因为没有子女需要抚养，他们更有经济能力追求较高的生活品质。年轻夫妇家庭旅游消费在动机上主要是休闲娱乐和促进夫妻间的亲密关系，"他们一般在经济方面比较宽裕，对价格不是太敏感，更在乎旅途中的情调和氛围，"[④]较强的消费能力使他们对高端旅游消费品

---

①董明.城市满巢期核心家庭子女对家庭消费决策影响力分析——以山东省烟台市为例[D].西南财经大学硕士论文，2009.

②刘昱.不同家庭结构中旅游决策主要影响者研究——以郑州市家庭旅游客源市场为例[J].北方经济，2012（4）：9-11.

③张丽峰.我国人口结构对旅游消费的动态影响研究[J].干旱区资源与环境，2015（3）：193-198.

④皮佳倩.中国家庭结构的变更对我国旅游业的影响初探[J].湖北经济学院学报，2007（1）：54-55.

有更高的接受度，对年轻夫妇家庭而言，家庭旅游是一种享受型的生活方式。

夫妻双方在家庭旅游消费决策和行为上的角色也具有女性偏好特点，研究表明，"对于家庭旅游而言，男性与女性在旅游的不同阶段所承担的任务也不同，可能是妻子决定旅游目的地，丈夫负责去制订旅游计划。在旅游消费项目上，女性可能更偏好购物型、娱乐型的旅游项目。"[①]因为在夫妇家庭中，女性从抚养子女和照顾老人的家庭事务中解放出来，具有更强的旅游消费意愿和消费能力，家庭中的男性一般也会尊重妻子的意愿和选择。因此，在夫妇家庭旅游消费中，妻子的旅游消费偏好对家庭旅游消费决策具有主要影响。

2.3.2.3　单人户家庭旅游消费随意性强

单人户家庭是一种"极小型"的现代家庭结构，因为家庭中没有其他成员，因而旅游消费不受他人时间和偏好的限制，更容易实现"一场说走就走"的旅行，是一种自我意识的旅游消费行为。单人户家庭旅游消费一般是出于个体身体健康、休闲放松、生活体验的目的而进行的，无论在旅游动机、内容偏好还是旅游六要素上都体现出随意性的特点。按照单人户家庭中个人年龄、性别的不同，旅游消费行为的趋向性也会有所差别。比如，60岁以上单人户家庭旅游一般会选择跟团游的方式，趋向于回归自然和健康游，而青年单人户家庭则更倾向于探险，喜欢自助游的方式。

---

① 李蕾.基于性别差异的旅游消费行为研究——以来沪旅游者为例［D］.上海师范大学硕士论文，2012.

3　吉林省人口自然结构变动对城市家庭旅游消费的影响分析

　　"家庭结构是家庭成员的集合体，通过文化规定的角色，家庭成员在社会许可范围内进行互动，并以一种重复的、相对稳定的模式执行家庭功能"[①]，人口总量、人口年龄结构和性别结构的变动，对构成社会单元的家庭结构模式产生直接的影响。尽管随社会经济发展和文化变迁，人们的家庭观念与意识也会发生变动，从而成为家庭结构和功能变动的一个主观动力，但基于人口自然结构变迁的家庭结构变动依然是最重要，也是最为核心的变量。

　　家庭是重要的消费单元，不同的家庭结构下，家庭收入来源和收入水平不同，消费倾向和偏好也不同，作为家庭成员的个人在消费决策中的角色和功能也不同，从而直接影响家庭消费的决策结果和行为模式。城市家庭旅游消费是20世纪90年代末新兴的家庭消费内容，符合消费行为学的基本规律，因而，人口自然结构的变动在结果上对城市家庭旅游消费形成重要影响。

　　本节将结合吉林省人口自然结构变动的两个方面——人口年龄结构与人口性别结构的变动，观察吉林省城市家庭结构变动的特征，并对家庭结构的变迁给吉林省家庭旅游消费带来的影响进行宏观说明。

[①]江林,李志兰.家庭结构对家庭消费意愿的影响研究[J].消费经济,2013(10):31-35.

3.1 人口年龄结构变动所带来的影响

3.1.1 人口年龄结构变动对城市家庭结构的影响

从吉林省人口年龄结构变动的原因上来看，一是长期执行计划生育政策，使吉林省人口出生率下降，从而造成青少年人口增长量的减少，从长远发展趋势上来看，第一代计划生育政策下的新生儿已经成长为父母，尤其在城市，生育观念的转变将使吉林省城市人口出生率处于长期缓慢下降的趋势。二是吉林省城市医疗卫生条件和社会养老保障制度的逐步完善，使人口预期寿命延长，吉林省早在2003年65岁以上老年人人数所占总人数比例就已经超过了7%的国际公认标准而步入到老龄化阶段，老年人口增多是吉林省在人口年龄结构上面临的不可回避的问题。

基于以上两点产生的吉林省人口年龄结构变动，在结果上导致吉林省城市家庭结构的变迁：宏观上，吉林省青少年数量的下降和老年人数量的上升，在微观家庭中，形成了孩子和老人数量与传统家庭结构中二者数量的逆转，这种扭转使当前吉林省城市家庭结构出现以下三种明显的变动。

3.1.1.1 "金字塔形"家庭向"倒金字塔形"家庭的转变

在传统的中国家庭中，一对夫妇通常有多个子女，多以主干家庭或联合家庭的结构模式存在，从而形成了家庭中年龄越长，人数越少的"金字塔"式家庭结构，家庭规模也相对较大。20世纪80年代以来，伴随计划生育政策的实施，家庭中孩子的数量得到控制从而减少，特别是独生子女政策实施下的一代人成年组成家庭，传统金字塔形家庭结构发生逆转，由以前的"正金字塔"转向"倒金字塔"，[1]即使是在三代户家庭中，家庭户规模也向小型化趋势发展，"421"家庭逐渐成为三代户家庭模式的代表形式。2010年吉林省0~14岁儿童仅占总人口数量的12.0%，60岁以上人口占比13.2%，老年人口占比高于儿童人口占比1.2个百分点。2012年吉林省0~18岁以下青少年为456.93万人，而60岁以上老年人口则达到405.27万，这从另一个侧面说明了吉林省家庭中青少年数量的减少，家庭中孩子大多为独生子女。

3.1.1.2 "空巢"家庭成为日趋重要的家庭结构

从国际上来看，"空巢"家庭是现代社会比较普遍的一种家庭模式，"空巢"家庭的形成既有人口年龄结构变动和家庭生命周期的原因，也与社会和个人意识紧密相关。吉林省从20世纪80年代开始实行计划生育政策，随着第一代独生子女已成年，其个体观念、与父母间的代际关系和相处模式等的影响力逐步凸显，传统"家族主义"家庭结构的分化，使更多独生子女成年后与老年父母分开生活，吉林省各城市中老年夫妇单独组成家庭的越来越多。另一方面，人口预期寿命的延长和老年人健康水平的提高，更多老年人希望有更为自由和自主的生活，特别是低龄老人，他们经济上能够独立，身体状况较好，生活上能够自理，精神生活较为丰富，喜欢自由悠闲的生活，因而选择与子女分开住。[2]吉林省城市低龄老人在比例上仍占多数，因而，"空巢"家庭将成为吉林省城市家庭结构中日趋重要的一种类型。

3.1.1.3 老龄女性单人户家庭增多

在自然生理角度上，男性寿命普遍短于女性，根据《2007年世界卫生报告》，女性平均寿命为74岁，男性平均寿命为71岁。自1982年

---

① 孟霞.当代中国社会人口结构与家庭结构变迁[J].湖北社会科学, 2009(5): 38-41.
② 李瑞芬, 蒋宗凤.空巢家庭问题探析[J].北京教育学院学报, 2006(9): 40-43.

起，吉林省出生人口性别比就一直在107以上，但总体人口性别比却一直在下降，2010年吉林省整体人口性别比为102.35，老年女性人口多于男性是在出生人口性别比高的条件下，整体人口性别比例还相对平衡的重要原因。不同于中青年单人户家庭，大多数老龄单人户家庭都是从低龄"空巢"家庭演变为高龄"空巢"家庭后丧偶而形成的，基于男女预期寿命不同，老龄单人户家庭比例相对较高。"数据显示，吉林省65岁及以上老年单人户占总体的21.55%，其中，男性老年单人户比重为8.53%，女性为13.02%，女性独居比男性独居高出 4.49个百分点。"[①]

3.1.2 城市家庭结构变动对城市家庭旅游消费的影响

3.1.2.1 寒暑假"教育旅游"受追捧

无论是在"421"的三代户典型家庭，还是在"两代户，三口人"的标准核心家庭中，最突出的特点都是这种家庭结构中的子女为独生子女，孩子是全家的中心。独生子女在家庭中的地位和角色，与传统的多子女家庭中孩子在家庭消费决策中的地位和角色有很大区别。"目前我国都市家庭中，青少年是家庭资源的优先倾斜对象，家中的青少年，尤其是18岁以下的未婚青少年，是高享受低自主型的角色，对家庭消费与家庭文化决策有特殊影响力。"[②]在这样的家庭中，长辈在家庭消费上越来越重视孩子的感受与意见，也愿意利用家中的大部分资源，以孩子喜欢接受的方式对他们进行教育，家庭旅游就是增进独生子女与家庭感情，并在娱乐中使孩子开阔眼界，增长知识的重要方式。

在家庭旅游时间上，父母长辈会照顾孩子的时间进行，由于吉林省位于中国东北，距离全国顶尖院校集中的北上广等地区和名山大川、

①陈垚宇.吉林省家庭结构现状及变动研究[D].东北师范大学硕士论文, 2013.
②孔旭红.独生子女旅游问题研究[D].华侨大学硕士论文, 2002.

历史古迹集中的中原、南京等地区较远，一般城市家庭都会选择在孩子课业负担小，也没有太多时间限制的寒暑假进行。在家庭旅游动机上，"扩大子女知识面，寓教于乐"和"探险猎奇，开阔眼界"的旅游动机较强，[①]注重在旅游过程中对孩子进行历史知识传授，使他们对高等学府抱有理想和感情等。因而，在家庭旅游偏好上，更多选择陶冶情操的自然风光和富有历史感的名胜古迹进行观光游览。近年来，为适应独生子女家庭旅游消费的需要，很多旅行社开设了游学专线，随着吉林省城市家庭可支配收入的增加，以亲子游学为主题的游学专线受到追捧，境外以欧美世界著名学府和重要机构参观为主题的亲子游也逐步升温。

3.1.2.2 "夕阳红"旅游重要性凸显

旅游消费的大众化不仅局限于旅游消费在各收入层面群体中的普遍化发展，也是纵向上在人口年龄结构上的一种拓展，旅游消费不再是青年人的专利，更多老年人也加入到旅游消费的行列中。尤其是城市人口社会保障制度的日趋完善，使老年人拥有稳定的收入，对后代财富的担忧也逐步淡化，老年人的消费观念发生了很大变动。"空巢"家庭的大量出现，使老龄夫妇与自己的成年子女分开生活，有了更多独立、自由享受晚年生活的时间和空间。"空巢"家庭夫妇离退休后，拥有更多闲暇时间，也不需要再抚养成年子女，反而接受成年子女在经济上的供给和感情上的关心，因而，他们开始关注作为个体的自己的身体健康和心情愉悦，有更强烈的意愿进行家庭旅游，从而形成了具有老年家庭旅游特色的"夕阳红"旅游。

在旅游动机上，老年家庭旅游大多出于夫妇对历史、文化的浓厚兴趣，怀旧、感念过往以寻找归属感，休息、疗养以增进自己的身体健

---

①郭磊, 胡道华.城市核心家庭旅游行为分析 [J].商业时代, 2012(8): 116-118.

康。在旅游目的地的偏好上，老年人注重实际，喜欢清静安宁型的旅游地，喜欢环境优美、幽雅宁静的自然山水、田园春色、湖泊海滨，不喜欢喧闹的城市、拥挤的人流，^①对"红色老区"怀有深厚感情和向往。近年来，吉林省城市老年家庭在中短途旅游上多选择温泉旅游，充分利用吉林省内及邻近省份较为丰富的温泉资源，另有很多有条件的老年夫妇选择在冬季到海南等南方海边进行疗养。在旅游交通工具和旅游方式选择上，大部分吉林省城市老年家庭旅游消费者都会选择飞机进行长途旅游，选择火车实现短途旅游，在方式上，更倾向于选择跟团出行；在消费决策上，老年家庭旅游消费较少购买名贵的饰品，也不喜欢在旅游过程中安排专门的购物，而倾向于收藏古玩字画等有历史感的物件。

3.2 人口性别结构变动所带来的影响

3.2.1 人口性别结构变动对城市家庭结构的影响

如前所述，人口性别结构变动的主要依据是出生人口性别比。根据历次人口普查的数据统计，自1982年以来，吉林省出生人口性别比就一直高于107的国际标准值上限，出生人口性别比失衡越来越严重，直至2010年出生人口性别比才下降并接近于国际标准值上限。这种人口性别结构的变动是由计划生育政策下父母需要对子女性别进行选择、医疗技术条件可以在受孕后对孩子性别进行辨别和中国"养儿防老"的传统思维方式等诸多因素共同作用造成的。从1982年吉林省出生人口性别比开始失衡至今已经三十多年，当时的孩子已经成人并到了甚至已经过了

---

① 魏立华，丛艳国.老龄人口旅游空间行为特征及其对旅游业发展的启示[J].人文地理，2001
(1)：20-23.

适婚年龄，出生人口性别比失衡的长期社会后果也已经出现，长辈对子女性别选择后，男性比女性数量多的现实，直接导致相当一部分男性难以寻得配偶的严重结果，加之因为受教育程度的提高和观念的变动，现代女性晚婚、不婚的人数也在上升，这就形成了中青年单人户家庭。

数据显示，目前吉林省20～34岁单人户数217 279户，占全省单人户数总量的19.43%，其中男性单人户数133 086户，占比11.91%，女性单人户数84 193户，占比7.53%①，相同年龄阶段男性单人户数比女性单人户数所占比重高出4个百分点。之所以选取该年龄段进行比较，是因为其是1982年吉林省出生人口性别比首次出现失衡后出生的，并在目前有独立经济能力并符合法定结婚年龄的成年人，在一般意义上，这一年龄段单人户家庭的产生最大程度地不受离婚、丧偶等人为因素的影响，从而能够最直接、最有效地反映出吉林省出生人口性别比失衡而造成的人口性别结构的变动对吉林省城市家庭结构造成的影响。

3.2.2　城市家庭结构变动对城市家庭旅游消费的影响

在吉林省城市家庭中，青年单人户家庭中的个体相当多一部分都是第一代独生子女，自我意识和独立意识很强，他们不受家庭、传统思想的限制和束缚，也不容易受到外界或者他人的干扰，在旅游消费选择上坚持自己的主观愿望，完全按照个人兴趣爱好进行旅游消费。这些青年单人户家庭中的主体虽然没有丰厚的经济基础支撑，但都有独立的经济能力，在旅游消费上遵从内心感受比实际更为重要，经常性地进行冲动型消费。这部分群体的旅游动机、旅游偏好、旅游决策和旅游方式都与他们的成长环境和个人经历与追求息息相关。

①陈垚宇.吉林省家庭结构现状及变动研究［D］.东北师范大学硕士论文, 2013.

　　在旅游动机上，没经历过太多挫折，在父辈呵护下成长的独生子女一代，在成人并独自生活后希望通过旅行中的刺激来挑战和磨砺自我，通过旅行的方式获得更多的人生经验、生活感悟和心灵启迪。因而，在旅游偏好上，青年单人户家庭主体更注重在旅游中的体验和感受，将每一次旅游消费作为一次洞察未知世界、重识自我的过程，喜欢蹦极、攀岩、漂流等刺激性的旅游活动，愿意在旅游中进行野外露营和野外生存挑战。在旅游消费方式上，不喜欢千篇一律的跟团旅游，而偏爱背包客的旅游方式，独自旅行。"像职业探险家一样穿越西部无人区"、"去国外入住当地人家"等体验旅游都反映出重参与、重文化的趋势和心态。[①]

①独生子女旅游：山水不再 心情主导，新华网［EB/OL］.（2002-12-21）http://news.xinhuanet.com/newscenter/2002-12/21/content_666241.htm

第3章 人口老龄化对城市家庭旅游消费的影响

所谓的人口老龄化指的是"60岁以上的老年人口或65岁以上的老年人口在总人口中的比例超过10%和7%"。[①]2000年，中国60岁以上老年人口占中国人口总数的比例首次突破10%，[②]表明中国正式步入老龄化社会。到2050年，60岁以上的老年人口总数约为4.3亿，65岁以上老年人口总数约为3.2亿。[③]此时的人口老龄化已经成为中国的常态。这不仅是社会发展的必然趋势，也是中国社会现代化的重要标志。"由于人口老龄化对经济社会的发展具有一定的滞后性和长期性"。[④]随着人口老龄化趋势的日益明显，老年人口的特殊性，将会成为影响经济社会发

---

①钱凯.我国人口老龄化问题研究的观点综述 [J].经济研究参考, 2010 (70)：43-49.
②按联合国人口组织的标准，人口老龄化是指当一个国家或地区60岁以上老年人口占人口总数的10%，或65岁以上老年人口占人口总数的7%，即意味着这个国家或地区进入老龄化社会。国家统计局.中国统计年鉴 (2014) [DB/OL]. (2014-7-5) http://www.stats.gov.cn/tjsj/ndsj/2014/indexch.htm.
③杜鹏, 翟振武等.中国人口老龄化百年发展趋势 [J].人口研究, 2005 (6)：92-95.
④钱凯.我国人口老龄化问题研究的观点综述 [J].经济研究参考, 2010 (70)：43-49.

展乃至产业结构调整的重大问题。因此，从长远来看，老年人口的旅游消费，将会影响到城市家庭旅游消费市场的基本格局。

1 老年人旅游消费的偏好

1.1 老年人口特征

1.1.1 生理特征

随着年龄的增长，人体机能也在逐步衰退。对老年人而言，尤其是60岁以上的老年人，身体会经常出现不适症状，致使老年人行动缓慢。据相关统计，大约有50%的老年人被高血糖、高血脂和高血压等"三高问题"所困扰，还有一些老年人被心脑血管疾病所折磨。在此情况下，老年旅游市场具有不同于一般旅游市场的特点，对消费水平和消费内容都有一定程度的影响。

1.1.2 心理特征

在中国传统文化的影响下，多数老年人都具有怀旧情结，年轻时，为了家庭、生活和工作奔波，不仅面临着养家糊口、赡养老人、照顾孩子的家庭重担，还要面临繁重的工作，这使得他们几乎没有闲暇时间来享受生活。特别是在现代"4-2-1"的家庭结构下，生活压力较大的背景下，很多老年人不得不独守空巢，这就使得老年人的角色发生了急剧转变。不仅要长期面对子女在外地工作的现实，也要面对退休后如何安排自己大量闲暇时间的问题。从心理特征上讲，这部分老年人渴望被关怀，渴望被尊重。而退休后的闲暇时间，恰好弥补了老年人年轻时的遗憾。

1.1.3　消费特征

由于老年人在年轻时就已经形成了消费习惯，理智的消费者不会轻易被左右，必须经过多番对比才会做出最终的消费决定。老年人对自己熟悉或者印象深刻的商品或者服务比较青睐，其消费行为比较固定，也很难改变。因此，老年人旅游市场很难产生冲动消费行为。总体来说，由于老年人所具有的消费习惯，使得他们倾向于货比三家，经过深思熟虑后才能做出消费选择，有着平稳固定的消费习惯。

1.2　老年人旅游消费的倾向

在我国旅游行业内，通常采用56岁作为界定老年人市场的标准年龄。随着老年人养老金的逐年提升，使得老年人手中的可支配收入逐渐增多，其旅游动机也越来越容易产生。当老年人从繁重的工作与家庭生活解脱出来后，希望自己的晚年能够过得更加充实和绚丽多彩。老年人的旅游消费倾向是多种因素综合作用的结果。田雪原和王国强在《全面建设小康社会中的人口与发展（2003）》一书中总结到，"可支配收入和自由时间的增加、健康水平和文化程度的提升"，[①]加上现代消费观念、现代休闲方式和教育思想等的冲击和影响下，老年人对旅游的需求也在日益增多。

---

①田雪原, 王国强.全面建设小康社会中的人口与发展［M］.北京: 中国人口出版社, 2004: 229-
　　230.

1.2.1　精神层面的注重

按照旅游目的不同，一般可把旅游市场分为观光、开会、度假、探亲、宗教活动等几大类。因为不同的旅游动机会产生不同的旅游目的，所以老年人在旅游的目的上与青年人旅游既有相同的地方又有其独特之处。按照老年人的生理和心理特点来分析，老年人旅游的目的大部分是游览观光，以开阔自身眼界和丰富晚年生活。之后是健康疗养、度假和访亲探友等目的。国外有研究表明，老年人的旅游目的与他们的年龄和文化水平相关，越是年轻、健康和受过较好教育的老年人越偏向注重精神层面的旅游。

老年人由于心理、生理和人生阅历等情况与其他旅游群体的差异比较大，形成了独特的旅游偏好和旅游习惯。余颖、张婕和任黎秀在《老年旅游者的出游行为决策研究》一文中，通过抽样调查得出"70%的老年人偏好名山风光，57%的偏好名胜古迹，两者比例均超过一般旅游者十几个百分点；43%的偏好自然生态景区，39%的偏好革命圣地，比一般旅游者略高；而对于民俗风情、乡村景色以及人造景观感兴趣的老年旅游者比例较小"。[1]因此，优雅宁静、环境优美的自然山水是老年人偏爱的旅游地点，这样不仅可以远离城市的喧嚣，更能在清净优美的湖光山色中享受惬意的旅行。这充分体现出老年人对陶冶情操，追求生命质量的关注。

1.2.2　物质层面的"轻视"

现在的老年人基本上是在20世纪50到60年代度过的，对于那个物

---

①余颖，等.老年旅游者的出游行为决策研究［J］.旅游学刊，2003（3）：25-28.

质和精神生活相对贫乏的年代而言，几乎没有条件和机会来满足休闲旅游这类较高层次的生活追求，因此，当他们从工作和家庭生活解脱之后，就会有对生活的补偿要求，以求自己的晚年能够过得愉快。但是这种休闲旅游生活的追求，并不是单纯地从物质上考量，而是在一定的经济基础之上，满足自身的精神需求。因此，老年人在旅游休闲的过程中，轻视物质刺激带来的旅游享受，选择那些经济实惠又能满足自身要求的旅游休闲方式。从老年人的心理特点来看，在其为国家建设和社会发展贡献之后，旅游休闲活动是其满足基本生活之后的一种更高层次的休闲方式。从本质上来讲，休闲旅游活动是属于人类自我丰富、自我发展、自我肯定，把自己参与和融入社会发展的一种形式，所以，老年人出游体会的并不是较高的物质追求，而是能够体现出一定怀旧和有内涵的生活方式。

1.2.3　现实层面的要求

老年人由于有了闲暇时光，加上老年人生活水平的逐年提高，以及社会养老保障体系的逐步完善，老年人的观念也在发生着改变，由"重视子女轻视自己，重视积累轻视消费"逐步向"花钱买潇洒，花钱买健康"的时尚方向转变。一是有了充足的闲暇时光。所谓的闲暇主要指"在一天的生活时间里除了睡眠及用餐等生理上必要的时间及劳动、家庭事务等拘束时间以外的、个人可以自由支配的时间"。[①]特别是老年人在工作岗位退休以后，时间充裕且自由支配。据统计，[②]城镇老年人平均每天有4.75小时的闲暇时间，仅次于7.9小时的睡眠时间，但是有

---

①德村志成.中国国际旅游发展战略研究——日本客源市场[M].北京：中国旅游出版社，2002：63-64.

②钟英莲，阎志强.大城市老年人闲暇生活的特征及对策[J].市场与人口分析，2000(4)：69-71.

高于3.41小时的家务劳动时间和0.64小时的工作时间。老年人对这些闲暇时间的分配上也有所不同，仅有1.58小时用于体育锻炼，其余的大部分时间都用来交往和娱乐。老年人的性别与其闲暇时间也有所不同，其中男性老年人的闲暇时间为5.18小时，女性老年人的闲暇时间为4.31小时，男性老年人比女性老年人多出0.87小时。男性老年人花费在体育锻炼的时间为1.73小时，花在娱乐交往的时间为3.45小时，女性老年人花在体育锻炼的时间为0.30小时，花在娱乐交往的时间为0.57小时，男性老年人在这两项上花费的时间比女性老年人多出2.88小时和1.43小时。就此而言，老年人相较于其他年龄组来说，其不受节假日限制的闲暇时间非常充裕，因此老年人群体会根据自己的有效需求来选择外出旅游的时间。二是生活水平的逐年提高。在我国，老年人生活的主要来源集中在家属提供、退休金和劳动收入三方面。随着城镇居民社会养老保险制度的日益完善，社保覆盖范围、社会保障水平和社保资金规模也在逐年扩大和增长。"2011年，全国城镇职工基本养老保险、城镇基本医疗保险、失业保险、工伤保险、生育保险的参保人数分别达到2.84亿人、4.73亿人、1.43亿人、1.77亿人、1.39亿人，比2001年分别增长100.2%、549.8%、38.3%、307.2%、302.1%；2012年全国企业退休人员人月均基本养老金达到1721元，是2002年的2.8倍"，[①]"依靠家属供给的老年人口比例从57.1%下降到47.55%，依靠退休金的老年人口比例从15.6%上升到26.27%，依靠老年人自己劳动收入的比例从25.0%下降到22.01%"。[②]从总体上来讲，虽然老年人生活的经济来源主要靠家庭提供，但是依靠退休金生活的老年人口比重在逐渐上升。这说明老年人口的经济独立能力正在提升，且收入趋向稳定状态，这为老年旅游的发

①尹蔚民.统筹推进城乡社会保障体系建设[J].求是, 2013（3）: 23-25.
②白黎.人口老龄化与老年旅游市场[D].河北大学, 2005.

展提供了一定的经济基础。

1.3　老年人的旅游消费倾向对旅游消费市场的影响

1.3.1　适应老年旅游的"新常态"

　　老年人有着大量的闲暇时间，为了充分利用空闲时间，丰富自己的业余生活，老年人也喜爱旅游。加上其子女由于工作忙，这些晚辈也希望老年人通过旅游的方式来放松身心，并且愿意为老年人出游提供充足的经济基础。在此情况下，老年旅游市场也在逐步扩大。这不仅可以缓解老龄化急剧发展带来的一系列问题，还可以促使老年人以更加积极、健康的心态投入到老年旅游活动中。首先，老年旅游增多可以提升老年人生活质量。老年人退休之后，从家里和工作中的重要角色开始退居幕后，变成有着大量闲暇时间的"闲人"，如何安排自己的业余生活，摆脱失落消极的负面情绪，就成为老年人要思考的重大问题。而旅游在一定程度上恰好弥补了这种遗憾。因为旅游本身就是一个身心放松的惬意过程，老年人不仅可以享受旅游服务带来的生活乐趣，还可以为老年人重新发现生活、定位生活和安排晚年生活目标。在老龄化背景下，老年人旅游不仅是适应老年人口激增的现实需求，更是老年人寻求改善自身生活质量，保证其高品质晚年生活的得力措施。其次，家庭结构迫使老年人需要旅游。随着中国计划生育政策的推行，独生子女家庭在社会中占绝大多数，加上老年人特有的心理特征，其精神世界需要丰富，越来越多的老年人认识到，旅游是结交朋友，丰富精神世界的一种方式。这种方式不仅可以排解老年人的寂寞与孤独，还可以再次开拓视野和增长见识，进一步丰富老年人的精神文化生活。再次，老年旅游可以促进积极老龄化理论的应用与实践。世界卫生组织健康发展中心在2002年1月出版了《积极老龄化：从论证到行动》一书，在该书中对积极老龄化做了非常充分的阐释。所谓"积极老龄化是顺应人口老龄化形势而生的理念，其基本含义是指人到老年时应积极参与政治、经济、文化和社会活动，在维持自身生命质量的同时增加社会活力、促进社会发展"，①以积极乐观的心态享受老年生活的过程。从政策框架上来讲，积极老龄化包含了健康、参与和保障三个维度。②从健康维度上来讲，这是积极老龄化理论的最根本追求。传统意义上的健康主要强调的是身体机能的正常发展，现代意义上的健康不仅包括生理，还包括社会和心理健康，是一种从多角度、综合性地探讨健康的机制。从参与维度上来讲，这是积极老龄化的实现途径。通过建立健全参与机制，让老年人在退休后能够继续参与政治、经济等活动，进一步实现老年人的再次社会化进程。从保障维度上讲，可以将保障的内涵分为正向和逆向两方面。从正向的角度来看，就是要在社会政策和社会福利两方面保障老年人的基本权利。从逆向的角度来看，面对人口老龄化激增的现实，要时刻按照出现的新形势、新问题和新挑战，通过法律等途径的完善，保障老年人基本权益不受侵犯。因此，在积极老龄化的理论背景下，老年人旅游不仅提高了促进自我健康、参与社会公共事务的能力，还提高了社会参与能力，进一步缓解了急剧老龄化所带来的社会问题，实现老有所为和老有所乐，这在一定程度上促进了积极老龄化理论的应用与实践。

---

①王彦斌, 许卫高.老龄化、社会资本与积极老龄化[J].江苏行政学院学报, 2014 (3)：60-66.
②王彦斌, 许卫高.老龄化、社会资本与积极老龄化[J].江苏行政学院学报, 2014 (3)：60-66.

1.3.2　调节旅游市场均衡发展

作为满足人们高层次休闲和学习方式的旅游活动，是丰富、发展和完善自我，把自己融入社会发展的一种形式。伴随着我国老龄化社会发展的进程，老年旅游逐渐成为旅游市场上新的经济增长点，其消费观念与消费结构也在不断地丰富与发展。这种休闲的学习方式也成为越来越多老年人的选择。老年人有着大量的闲暇时间，相对于其他年龄群组来讲，老年人有着大量闲暇时间，不受节假日限制，这也成为旅游市场的重要客源。尤其是在旅游淡季，大量的客源就成为调节旅游市场均衡发展的重要力量。结合老年人自身特点，选择淡季出行，不仅可以避免旅游旺季人多拥挤的情况，可以让自己享受一个相对从容的旅游环境，还可以节约成本。一方面可以满足淡季旅游市场利润的需要，另一方面还可以满足老年人"性价比"高的切身要求。这对于提高旅游资源综合利用效率，调节旅游市场淡旺季波动具有重要意义。

1.3.3　促进经济社会协调发展

旅游业作为综合带动性强和经济贡献率较大的产业，不仅可以带动与旅游直接相关部门的发展，还会带动间接产业的发展。目前，老年人旅游的人数已经占到全国旅游总人数的20%以上，老年旅游产业的兴起不仅为商业、服务业和交通运业的发展带来了新的发展机会，还为待业青年和下岗职工提供了就业门路，有效缓解了社会就业难的问题。由于老年人在旅游目的地停留的时间比较长，可以缓解旅游高峰带来的"供不应求"以及旅游淡季"供大于求"的现实矛盾，带动旅游目的地的经济发展，进而带动整个旅游市场经济效益的提高。"如果我国老年人出游比例能达到发达国家水平，即老年人的出游率达到60%～70%

（目前我国老年人出游率不到30%），我国的年国民经济总收入将因此增长近0.3个百分点"[1]，因此，老年旅游产业的发展，不仅会增加社会消费能力，扩大社会消费领域，还会促进经济社会协调发展。

所以，老龄化视角下的老年旅游产业的发展，不仅可以鼓励老年人以更加积极向上的心态来应对老龄化过程，还可以推动老年旅游服务产业的发展，通过完善老年旅游产业的服务机制来带动和促进整个旅游市场的发展，为我国经济发展带来新的经济增长点，为促进整个国民经济的健康良好运行和协调发展做出贡献。

2 吉林省人口老龄化变动情况

从全国历次人口普查数据中可以看出，吉林省老年人口数量在上升，人口老龄化速度也在明显加快，人口年龄结构变动非常明显。按照衣保中教授的观点，"导致现阶段吉林省人口老龄化的直接原因是生育率的下降，它造成年轻人口在总人口中的比例下降，引起总人口中老年人口比例相对增加，导致人口年龄结构趋于老龄化"[2]。在人口出生率和死亡率都较低的情况下，随着经济社会的不断发展和医疗卫生水平的提高，人口预期寿命的延长，必然导致人口老龄化速度加快，老年人口逐年增加的趋势明显。

---

①李顺芳.论老年人旅游市场拓展策略[J].闽南职业大学学报, 2004（2）: 26-29.

②衣保中, 张凤龙.吉林省人口老龄化的特点及其对策[J].人口学刊, 2008（6）: 37-39.

2.1 吉林省人口老龄化变动现状

2.1.1 吉林省总人口

1949年中华人民共和国成立之时，吉林省人口仅有1008.5万人，由于吉林省人口出生率和死亡率较高，人口增长非常缓慢。随着经济社会的发展，人民生活水平得到极大改善，人口死亡率也在逐年降低，使得吉林省人口一直保持在较高的水平上，出生人口也在逐年增多。人口由原来的"高出生、高死亡、低增长向高出生、低死亡、高增长转变，人口增长较快；到20世纪70年代中期，由于大力提倡计划生育，人口发展开始由高出生、低死亡、高增长向低出生、低死亡、低增长型转变"[①]。从1949—2012年，吉林省人口增长近一倍多。具体见表3-1：

表3-1 吉林省人口总数

单位: 万人

年份	总人口	年份	总人口	年份	总人口
1949	1008.5	1971	1915.2	1993	2496.1
1950	1029.5	1972	1962.7	1994	2515.6
1951	1039.8	1973	2007.9	1995	2550.9
1952	1064.6	1974	2034.5	1996	2579.1
1953	1133.2	1975	2063.9	1997	2600.1
1954	1164.7	1976	2092.6	1998	2603.2
1955	1202.1	1977	2117.9	1999	2616.1
1956	1224.5	1978	2149.3	2000	2627.3
1957	1248.1	1979	2184.6	2001	2637.1
1958	1280.9	1980	2210.7	2002	2649.1
1959	1313.0	1981	2230.9	2003	2658.6

①田雪原.1966中国老年人口社会 [M].北京: 中国经济出版社, 1991: 225.

年份	总人口	年份	总人口	年份	总人口
1960	1397.1	1982	2257.6	2004	2661.9
1961	1414.3	1983	2269.5	2005	2669.4
1962	1476.4	1984	2284.5	2006	2679.5
1963	1537.1	1985	2298.0	2007	2696.1
1964	1595.1	1986	2315.3	2008	2710.5
1965	1639.1	1987	2336.4	2009	2719.5
1966	1679.3	1988	2357.4	2010	2723.8
1967	1722.1	1989	2395.4	2011	2726.5
1968	1766.3	1990	2440.2	2012	2701.5
1969	1808.2	1991	2459.7		
1970	1860.4	1992	2474.0		

资料来源：吉林统计年鉴2013［M］.北京：中国统计出版社，2013：50.

从1949—2012年吉林省人口数量在逐年增多，于1973年首次突破2 000万人大关，达到2 007.9万人，1990年时人口为2 440.2万人，2000年为2 627.3万人，2010年为2 723.8万人，具体增长趋势如图3-1所示。

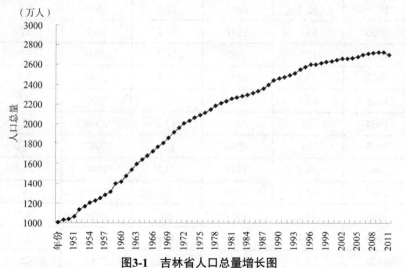

图3-1 吉林省人口总量增长图

图表来源：作者依据吉林省统计年鉴（2013）自制

　　总体来说，吉林省人口总量呈不断增长态势，但是增长的幅度在不断变小，增长的数量也呈现降低趋势。1990年比1973年人口增加432.3万人，2000年时总人口为2627.3万人，比1990年增加187.1，2010年人口总量为2723.8万人，比2000年增加86.5万人，具体如下：

表3-2　吉林省净增人口

单位：万人

年份	净增人口	年份	净增人口	年份	净增人口
1950	21	1971	54.8	1992	14.3
1951	10.3	1972	47.5	1993	22.1
1952	24.8	1973	45.2	1994	19.5
1953	68.6	1974	26.6	1995	35.3
1954	31.5	1975	29.4	1996	28.2
1955	37.4	1976	28.7	1997	21
1956	22.4	1977	25.3	1998	3.1
1957	23.6	1978	31.4	1999	12.9
1958	32.8	1979	35.3	2000	11.2
1959	32.1	1980	26.1	2001	9.8
1960	84.1	1981	20.2	2002	12
1961	17.2	1982	26.7	2003	9.5
1962	62.1	1983	11.9	2004	3.3
1963	60.7	1984	15	2005	7.5
1964	58	1985	13.5	2006	10.1
1965	44	1986	17.3	2007	16.6
1966	40.2	1987	21.1	2008	14.4
1967	42.8	1988	21	2009	9
1968	44.2	1989	38	2010	4.3
1969	41.9	1990	44.8	2011	2.7
1970	52.2	1991	19.5	2012	-25

资料来源：作者依据吉林省统计年鉴（2013）计算得出。

从表3-2中，我们可以观察到，吉林省净增人口数量最多的年份是1960年，比1959年净增人口84.1万，其次为1953年，为68.6万，增长幅度最小的年份为2.7万人，最值得关注的是2011年，吉林省人口总量首次出现负增长，达到-25万人，这不仅反映出吉林省人口生育率较低，还反映出吉林省对外迁徙人口激增，人口净增长如下：

图3-2　吉林省人口净增长图

图表来源：作者依据吉林省统计年鉴（2013）自制

　　从图3-2中，我们可以看到，从1949年中华人民共和国成立开始，人口增长曲线上下波动得非常大，组距达到109.1。结合表3-2，总结出，从1964—1970年这7年中，吉林省人口增长最为平稳，平均每年都比上年增长40多万人。但是随着国家计划生育政策的推行，吉林省人口净增长趋势逐年降低，这表明吉林省人口增长非常缓慢。

2.1.2　吉林省人口年龄构成

　　所谓的人口年龄构成指的是人口按照年龄来分布的一种状态。通常用各年龄组占总人口中的比重来表示。人口年龄构成所反映的是人口的一种自然状态，是经济社会发展的必然结果。"决定一个地区未来人口老龄化状况的三个基本的人口学因素是未来生育、死亡和迁徙状况"[①]。由于人口迁徙的数据很难得到，加之影响人口迁徙的因素众多，所以此处把吉林省人口看成封闭人口，暂不考虑人口迁徙因素。

根据《吉林统计年鉴2013》中的数据，吉林省人口出生率和自然增长率都呈现下降趋势，死亡率先升后降，具体如表3-3所示。

表3-3　吉林省人口出生率、死亡率和自然增长率

单位: 万人

	人口出生率	死亡率	自然增长率
2000	9.53	5.38	4.15
2005	7.89	5.32	2.57
2006	7.67	5.00	2.67
2007	7.55	5.05	2.50
2008	6.65	5.04	1.61
2009	6.69	4.74	1.95
2010	7.91	5.88	2.03
2011	6.53	5.51	1.02
2012	5.73	5.37	0.36

资料来源: 吉林统计年鉴2013［M］.北京: 中国统计出版社，2013: 51.

21世纪元年，吉林省人口出生率为每万人9.53，其次为2010年，出生率为7.91，出生率最低年份为2012年，为5.73。总体来说，吉林省人口出生率呈现平稳增长趋势，2010年以后略有下降，具体图3-3所示。

---

①尹豪，王晓峰.吉林省人口老龄化趋势预测与分析［J］.人口学刊, 1998（8）14-19.

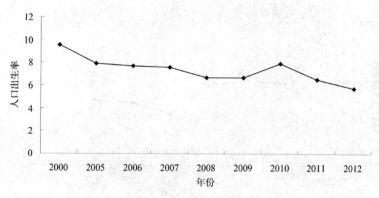

图3-3　吉林省人口出生率

图表来源：作者依据吉林省统计年鉴（2013）自制

　　从人口死亡率来看，2010年最高，为每万人5.88，其次为2011年，死亡率为5.51，死亡率最低的年份为2009年，为4.74。总体来说，2010年以来，吉林省人口死亡率稍有提高，具体如图3-4所示。

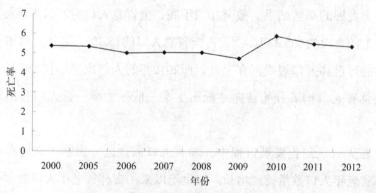

图3-4　吉林省人口死亡率

图表来源：作者依据吉林省统计年鉴（2013）自制

　　从人口自然增长率来看，2010年最高，为每万人4.15，其次为2006年，人口自然增长为2.67，人口自然增长率最低的年份为2012年，仅为0.36。总体来说，吉林省人口自然增长率呈逐年下降趋势，具体如图3-5所示。

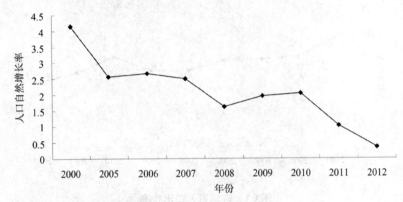

图3-5   吉林省人口自然增长率

图表来源：作者依据吉林省统计年鉴（2013）自制

人口年龄构成不仅受当地经济发展水平，医疗卫生水平和社会服务水平的影响，还受文化和环境因素的影响，是人口出生率、死亡率和人口迁徙因素综合作用的结果，可以把人口年龄构成看作是经济增长和社会发展的必然结果。截至2012年底，全省总人口为2701.5万人，60岁以上的人口为405.37万人①，占全省总人口的15.1%，老年人口占总人口中的比重和人口规模都在上升。而2012年的人口出生率仅为0.36，表明吉林省人口构成开始转向"低出生率—低死亡率—低人口自然增长率"。

在人口老龄化发展过程中，随着人口惯性这一影响因素的存在，吉林省老年人口数量持续增长。21世纪以来，吉林省老年人口数量持续增多，特别是2005年全面进入老龄化社会以来，吉林省老年人口总数逐年增加。60岁以上老年人口在2005年为321.2万人，2008年为345.2万人，2010年为362.3万人，2012年已突破400万人大关，7年间，60岁以上老年人口保持年均2.6%的增长速度。

①孟红英.吉林统计年鉴2013［M］.北京：中国统计出版社，2013：50.

在历次人口普查所公布的数据当中，在65岁以上老年人口方面，吉林省在1953年为36万人，占总人口的比重为3.2%；1964年为50万人，所占比重仍为3.2%；1982年为90万人，所占比重为3.9%；1990年为111万人，所占比重为4.5%；2000年为162万人，所占比重首次超过7%，达到7.1%；2010年为230万人，占全省总人口的8.4%，具体如表3-4所示。

表3-4　吉林省历次人口普查状况

单位: 万人

年份	总人口	各年龄段人口			
		0~14岁		65岁以上	
		总量	占比	总量	占比
1953	1133.2	442	39%	36	3.2%
1964	1595.1	716	44.9%	50	3.2%
1982	2257.6	748	33.2%	90	3.9%
1990	2440.2	646	26.5%	111	4.5%
2000	2627.3	507	19.3%	162	7.1%
2010	2723.8	329	12.1%	230	8.4%

数据来源: 历次人口普查结果。

　　从表3-4进一步得知，吉林省0-14岁年龄群体在1982年达到峰值，为748万人，比第一次人口普查时增长304万，而同时期65岁以上老年人口增长54万人，此后的时间里，该群体数量开始降低，而老年人口数量持续增长。到2010年，0-14岁年龄群体比第一次人口普查时少113万人，比2000年少178万人。同时期的老年人，与第一次人口普查时相比，增长了近6.4倍。这表明，在吉林省人口构成中，人口出生率大幅下降，而老年人口迅速增多，吉林省老龄化发展水平较高。

2.1.3 吉林省人口老龄化特点

一是人口老龄化速度高于全国水平。根据全国第六次人口普查的数据，全国60岁以上的老年人口为1.8亿，占全国总人口的13.3%，与2000年相比，同比增加了32.8%，年平均增长率为2.9%。全国65岁以上的老年人口为1.2亿，占全国总人口的8.9%，与2000年相比，同比增长35.9%，年平均增长率为3.1%。而反观吉林省，1964年全省65岁以上老年人口占总人口比重为3.2%，1982年为4.0%，1990年为4.5%，2000年上升到6.1%。2010年，全省64岁以上老年人口总量为282.5万人，占全省人口的比重为10.4%，与2000年相比，同比增长77.1%，年平均增长率达到6%。这表明，吉林省人口的老龄化速度明显超过全国水平。

二是人口老龄化水平快于经济发展水平。从经济社会发展的角度来看，人口老龄化是必然的趋势。在现代社会，随着社会养老保障体系的逐步健全，公民的价值观念和生育观念发生了质的变动，"养儿防老"并不是唯一的选择，很多年轻家庭最多只要一个孩子，年轻人生育率的下降，导致人口出生率的下降，与之相适应的就是人口的老龄化程度被逐步提高。简言之，人口再生产类型往往与经济发展是同步的，基本属于先富后老，此时再迈入老龄化社会之后，国家就已经具备了非常完善的社会保障体系。以日本为例，1970年，日本65岁以上老年人口占总人口的比重首次超过7%，为7.1%，人均国民生产总值就达到2000美元。但是吉林省人口老龄化的速度和水平，明显不属于这种应有的模式。因为在2005年时，吉林省65岁以上的老年人口占总人口比重首次达到7%，此时吉林省的人均国民生产总值才为1530美元。一方面，与全国其他省份和地区有着相似的原因，是由于国家实行计划生育政策，导致吉林省人口出生率的下降。另一方面，是全国生活水平和医疗水平的普遍提高，使得人口寿命自动延长。所以说，吉林省的人口老龄化是与其自身经济发展水平不同步的。吉林省的人口老龄化是在经济条件不是非常优越，是未富先老的典型代表，因此，吉林省人口老龄化的基础非常脆弱。

三是老龄化程度高于全国水平。根据全国第六次人口普查的数据，全国0～14岁的人口为2.3亿，占全国总人口的16.7%；吉林省为305.3万人，占总人口的11.2%。全国15～59岁的人口为9.4亿，占全国总人口的70.2%；吉林省为1 503.7万人，占总人口的11.2%。全国60岁以上的老年人口为1.7亿，占总人口比重的13.1%，其中65岁以上的老年人口为1.2亿，占人口比重的8.9%。吉林省为394.8万人，占总人口的14.5%，其中65岁以上的老年人口为283.2万人，占总人口比重的10.4%。从上述对比中可以看出，在60岁以上的老年人口占总人口比重方面，吉林省比全国高出1.4个百分点，65岁以上比重比全国比重高出1.5个百分点。

2.2　吉林省人口老龄化变动趋势

从上文已知数据来看，吉林省老龄化人口在逐年增多，老年人口占总人口比重在逐年上升。那么，未来吉林省老年人口是否会沿着该方向发展，就需要对吉林省老龄化变动趋势加以预测和分析。

2.2.1　吉林省人口老龄化趋势

根据吉林省第六次人口普查数据，对未来20年人口进行预测。2010年吉林出生人口性别比为104.19，假设生育率为0.8，之所以采用这个生育率是因为2010年吉林省人口生育率总和为0.76。按照国际通行标准，预测人口死亡模式和死亡水平，最终得出假设结果。由于医疗卫生水平逐年提高，死亡率上下剧烈波动发生的概率非常小，因此，老龄化的变动程度和人口增长速度仍以人口出生率为主。根据预测结果，2015年吉林省65岁以上人口为297.3万人，2020年为406.5万人，2025年为504.1万人，2030年为617.4万人。老年人口数量和规模在持续提升。这也表明人口老龄化趋势的持续加剧，劳动力人口在逐年降低，使得吉林省的人口政策必须做出方向上的调整，通过完善相关政策，促进人口长期可持续发展。

2.2.2 吉林省人口老龄化的后果

随着人口老龄化成为吉林省经济社会发展的常态，同时人口老龄化也是既有利益格局逐渐调整的一个深刻过程，老龄人口不只是一个年龄群体的概念，而是一个社会群体不断分化的结果[①]。人口老龄化对经济社会发展的影响是多方面的，既有对劳动力年龄人口的影响，又有对社会保障水平的要求，既要变革传统的养老方式，又要及时调整产业结构。

一是人口老龄化降低了劳动生产率。改革开放以来中国经济发展与拥有丰富的廉价劳动力是分不开的。吉林省也不例外，由于吉林省是农业大省，其经济发展在很大程度上依靠的就是丰富的劳动力资源。但是随着老龄化社会的到来，吉林省劳动力的比较优势正在逐步丧失，劳动力价格也在日益攀升。在以人口老龄化为常态的社会中，劳动力供给显然不可能取代青壮年人口成为劳动力的主要来源，劳动力会出现短缺的现象。自改革开放以来，虽然吉林省经济取得了长足进步，但劳动者

①李培林.中国社会巨变和治理 [M].北京: 中国社会科学出版社, 2014: 43.

生活水平并没有得到实质上的改善，农业环境污染日益严重。虽然依靠高消耗的物质投入和廉价的劳动力资源可以维持经济增长，但是经济却始终无法实现可持续发展。目前，吉林省劳动者素质仍有提升的空间，在科学技术发展日益迅猛的今天，劳动力资源的竞争并不是数量的竞争，而是质量的竞争，劳动者素质提高之后，其收入才能增加，生活才能得到改善。只有这样，资源和环境所承载的压力才能逐年降低，经济社会才能更加持续健康发展。在吉林省老龄化迅速发展的背景下，必须要调整产业结构，推进自主创新，转变经济发展方式，使经济发展务必从依靠资源消耗和廉价劳动力的经济增长方式转变到依靠科技进步和劳动者素质提高的集约型发展模式上来，这就需要重视和不断开发老年人力资源，高效利用老年群体在生产经验和技术水平上的优势，鼓励老龄化群体实现"老有所为"，进而促进经济社会全面发展。

随着老龄人口占总人口比重的不断提升，劳动年龄人口必然会持续下降，相应的劳动力年龄人口就会降低，进而出现劳动力短缺现象。按照上文的分析，2030年吉林省65岁以上的老年人口将达到617.4万人，必然会导致劳动力不足，加之人口老龄化使得劳动年龄人口的质量得到提升的机会较少，对劳动生产率的影响较大。就未来的生活劳动方式而言，必然是快节奏的，特别是在吉林省这种劳动密集型产业较多的省份中，老年人口很难适应这种快节奏的生产生活方式。此外，与年轻的劳动力相比，老年人在接受先进知识和先进技术的过程中，引进消化和吸收的速度较慢，周期较长，对新兴产业特别是战略性新兴产业的了解较少，导致其接受能力较弱甚至会出现妨碍。随着社会老龄化程度的加剧，劳动生产率会出现下降的趋势。因此，从这点来看，老龄化程度的提升，使得劳动力人口与非劳动力人口的比例关系发生了明显的变动，人口老龄化使得劳动力人口占总人口的比重和数量减少，根据经济发展的原理，人口老龄化不仅会影响经济发展中劳动力投入的质量与数量，还会影响到经济发展的潜力，进而导致经济增长速度减缓。从长期来看，吉林省这种人口老龄化发展水平对经济发展的负面影响将是非常深刻的。

二是人口老龄化要求提高社会保障水平。在现实生活中，随着老年人口的日益增多，将会导致老龄人口占用有限社会资源的比重持续增加。因此，人口老龄化要求通过改变经济资源配置关系，例如，需要逐年增加养老资金的财政支出，增多养老机构和公共基础设施的建设。从人口学角度来看，人口老龄化需要提高社会老年群体的抚养比率，抚养一位老年人的花费比抚养一位儿童所需费用将会高出2～3倍。如此庞大的老年人口数量，对社会保障方面的需求日益增多，人口老龄化是对目前吉林省社会保障制度的挑战。从老年人自身角度来讲，人口老龄化对其经济收入有着重要影响。由于吉林省正处于人口老龄化的快速发展阶段，导致老年群体之间的经济收入差距过大。一方面是因为吉林省城镇之间的收入差距在逐渐拉大；另一方面则是城镇老年群体自身收入不高。加之吉林省女性人口的老龄化程度高于男性人口，据相关统计，大部分女性老年人口的经济收入略低于男性老年人口的收入。对吉林省城镇老年人口来说，养老金收入是其最主要的收入来源，达到其总收入的6成以上。但是吉林省养老金管理制度还存在一些问题。首先，养老金的管理不够规范。1998年之前，全国的养老金由当地的民政部门负责，隶属于当地政府，缺乏有效的监督。其次是养老金的保值和增值难度逐渐加大。吉林省养老金基本上采用县级单位统一管理的模式，通过购买国家债券或者将这部分资金存入银行，从而达到其保值与增值的目的。但是，由于缺乏合适的投资渠道、方式和专门的投资人才，所以大部分县级单位把养老金存入银行，但是社会发展的通货膨胀率都高于银行现行利率，这就导致存入银行的养老金自行"贬值"，此时就需要政府对其进行补贴。但紧接着问题又来了，为了让社会的养老金体制正常运转，政府开始下调养老保险账户的利率，使得老年人口的实际收入低于原有应得的收入，造成老年人口获得养老金的实际价值低于他们支付的保费，使得老龄化群体对社会养老保险制度的信心略有折扣。根据中国劳动统计年鉴中的数据，吉林省在2012年时，参加基本养老保险的城镇职工离退休人员总数为632.2万人，养老金基本支出为377.6亿元；参加基本养老保险的城镇职工总数为234.6万人，养老金基本收入为390.6亿元[①]。从供养比来看，几乎每三个人就供养一名退休人员。随着吉林省老龄化趋势逐渐加剧，基本养老金支出也会越来越多，而同时期的劳动年龄人口在逐年降低，加之政府在社会救济和社会福利方面仍需要投入，据相关研究，60岁以上老年人患病概率是普通人的3倍，伤残概率将近4倍，这就要求提高医疗卫生水平。提高医疗卫生水平也会产生大量的成本，这就会使得吉林省基本养老金出现入不敷出的现象，并且随着人口老龄的发展而变得日益严重。在吉林省经济发展水平逐步提高的基础上，老年人口的增多虽然会给经济社会发展带来巨大压力，但是随着政府预算的逐年增加，社会养体系的逐步完善，延迟退休政策的推行以及社会化养老模式的推进，老年人口社会保障水平的提升指日可待。

三是人口老龄化会促进产业结构调整。吉林省进入全面老龄化社会以来，满足老年人口在衣食住行等方面的有效需求将成为未来吉林省调整产业结构的主要依据。从三大产业发展的角度来看，随着农业现代化的发展，农村富余劳动力被解放出来，为了就业，这部分劳动人口就会转移到城市从事第三产业，比如现在城市亟须的家政护理，该行业对

[①] 国家统计局.中国劳动统计年鉴（2013）[DB/OL].[2013-12-1] http://free.xiaze.com/nianjian/zgldtjnj2013/

文化程度要求不高，比较适合进城务工人员。还有旅游娱乐行业，这些都可以转移农村富余劳动力，进而带动第三产业的发展。根据发达国家的经验，家庭、个人和社区从事服务的人口几乎能占到第三产业就业总人口的50%，而我国目前仅有20%。随着吉林省老年人口数量的不断增多，还会衍生出特殊的市场要求，对休闲旅游等非物质性消费的要求也会随着生活水平的提升而不断增多。因此，人口老龄化的持续增长就会要求产业结构及时做出调整。

3 人口老龄化对吉林省城市家庭旅游消费的影响

通过上文的分析，随着时间的推移，吉林省人口老龄化的速度会逐渐提高，规模会越来越大，老年人口占总人口中的比重也越来越高，这不仅影响着老年人自身生活，还影响着整个吉林省城市家庭旅游消费。

3.1 人口老龄化对吉林省城市家庭旅游消费支出的影响

自2005年吉林省进入全面老龄化社会以来，根据全国第六次人口普查数据和吉林省统计年鉴（2013）公布的数据，2012年60岁以上老年人口为405.4万人，占总人口2 701.5万人的15.1%，2010年，65岁以上老年人口为230万人，占总人口比重的8.4%，而且有持续上升的趋势。在此背景下，老年人口的持续增加，加上老年人外出旅游的增多，对老年人的消费支出和吉林省经济社会发展产生了明显的影响。

因为没有关于吉林省城市家庭旅游消费的直接统计数据，所以在后文相关数据的计算中，用城镇居民消费支出的相关数据来计算城市家庭旅游消费支出。从消费支出的角度来看，吉林省支出法GDP构成如下：

表3-5　吉林省支出法生产总值

单位：亿元

年份	支出法GDP	居民最终消费支出	城镇居民最终消费支出	年份	支出法GDP	居民最终消费支出	城镇居民最终消费支出
1952	16.6	11.3		1983	150.1	96.7	47.4
1953	19.0	14.0		1984	174.4	111.8	56.0
1954	20.4	14.1		1985	200.4	120.5	64.1
1955	21.1	14.5		1986	227.2	137.9	76.5
1956	24.6	16.4		1987	297.5	161.5	92.1
1957	25.2	15.4		1988	368.7	203.5	120.3
1958	31.2	16.2		1989	391.7	223.3	131.8
1959	37.2	18.8		1990	425.3	232.8	136.9
1960	41.8	19.8		1991	463.5	255.9	154.8
1961	31.9	21.6		1992	558.1	306.3	194.7
1962	31.4	22.2		1993	718.0	364.9	239.0
1963	35.9	25.2		1994	944.4	473.6	317.5
1964	38.5	26.0		1995	1 139.4	586.2	395.1
1965	42.9	27.9		1996	1 352.1	684.5	464.4
1966	46.7	29.7		1997	1 468.3	772.9	534.0
1967	44.3	30.9		1998	1 571.2	794.4	542.6
1968	42.5	30.3		1999	1 638.3	824.7	557.7

续表

年份	支出法GDP	居民最终消费支出	城镇居民最终消费支出	年份	支出法GDP	居民最终消费支出	城镇居民最终消费支出
1969	45.2	33.3		2000	1 854.6	890.0	591.7
1970	56.1	37.4		2001	2 023.4	971.2	638.2
1971	60.9	37.8		2002	2 252.4	1 042.8	707.6
1972	56.0	37.2		2003	2 598.7	1 231.2	859.4
1973	63.3	38.9		2004	3 012.3	1 244.8	967.2
1974	65.1	39.7		2005	3 761.6	1 407.9	1 084.7
1975	72.3	43.0		2006	4 964.9	1 552.9	1 171.4
1976	67.3	45.9		2007	5 601.1	1 819.8	1 388.7
1977	72.9	49.5		2008	6 783.4	2 075.7	1 582.6
1978	82.0	53.0	28.6	2009	7 633.1	2 304.0	1 761.8
1979	91.1	61.9	32.0	2010	9 128.6	2 510.6	1 915.0
1980	98.6	67.8	35.9	2011	11 162.2	2 970.8	2 171.5
1981	111.2	75.1	38.7	2012	12 688.4	3 375.9	2 484.7
1982	121.7	83.5	43.7				

资料来源: 中国经济与社会发展统计数据库 [DB/OL] . http://tongji.cnki.net/kns55/Dig/dig. aspx? p=&uid=WEEvREcwSlJHSldTTGJhYlN6RFFJaGwxUWh6SW9TZUE4RlJMRCttVXBXek crTTc2VldkK2dSTEE1aU5KVFAwZFd1az0=$9A4hF_YAuvQ5obgVAqNKPCYcEjKensW4IQMov wHtwkF4VYPoHbKxJw .

从表3-5中给我们可以看出, 吉林省在改革开放前, 经济增长速度很慢, 改革开放后经济发展水平逐步提升, 与之相伴随的就是居民最终消费支出的逐年增长。从1952年开始, 吉林省居民最终消费支出为11.3亿元, 1984年首次突破百亿大关, 为111.8亿元, 在2002年首次突破千亿大关, 为1 042.8亿元。可以看出, 从1984—2002年这18年中, 居民消费增长931亿元，增长了9.3倍之多。2008年首次突破2 000亿，为2 075.7亿元。从突破1 000亿元到突破2 000亿元，仅用了6年的时间，这表明吉林省居民消费支出增长的速度非常快。但是这种消费支出的增长并不是城镇居民、农村居民整体增长，而是显示城镇居民增长的速度和所占比重在整个消费支出中所占的比重越来越高。

自1978年开始统计城镇居民最终消费支出以来，吉林省城镇居民最终消费支出也呈现逐年增长的态势。1978年，吉林省城镇居民消费支出为28.6亿元，2005年首次突破千亿大关，为1 084.7亿元。2011年首次突破两千亿大关，为2 171.5亿元。从2005—2011年，短短的6年时间，增长了1 086.8亿元，城镇居民消费支出占整个居民消费支出的比重也在不断上升，具体如表3-6所示。

表3-6　居民消费支出、城镇居民消费支出占比

单位：%

年份	居民消费支出占GDP比重	城镇居民消费支出占GDP比重	城镇居民消费支出占居民消费支出比重
1978	0.65	0.35	0.54
1979	0.68	0.35	0.52
1980	0.69	0.36	0.53
1981	0.68	0.35	0.52
1982	0.69	0.36	0.52
1983	0.64	0.32	0.49
1984	0.64	0.32	0.50
1985	0.60	0.32	0.53
1986	0.61	0.34	0.55
1987	0.54	0.31	0.57
1988	0.55	0.33	0.59

年份	居民消费支出占GDP比重	城镇居民消费支出占GDP比重	城镇居民消费支出占居民消费支出比重
1989	0.57	0.34	0.59
1990	0.55	0.32	0.59
1991	0.55	0.33	0.61
1992	0.55	0.35	0.64
1993	0.51	0.33	0.65
1994	0.50	0.34	0.67
1995	0.51	0.35	0.67
1996	0.51	0.34	0.68
1997	0.53	0.36	0.69
1998	0.51	0.35	0.68
1999	0.50	0.34	0.68
2000	0.48	0.32	0.66
2001	0.48	0.32	0.66
2002	0.46	0.31	0.68
2003	0.47	0.33	0.70
2004	0.41	0.32	0.78
2005	0.37	0.29	0.77
2006	0.31	0.24	0.75
2007	0.32	0.25	0.76
2008	0.31	0.23	0.76
2009	0.30	0.23	0.76
2010	0.28	0.21	0.76
2011	0.27	0.19	0.73
2012	0.27	0.20	0.74

资料来源: 作者依据中国经济与社会发展统计数据库 [DB/OL] 自制

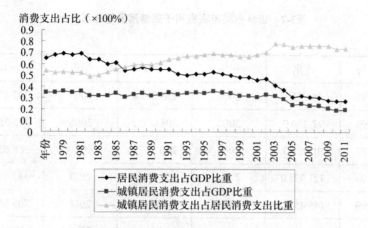

图3-6 吉林省居民消费支出、城镇居民消费支出占比走势图

图表来源：作者依据中国经济与社会发展统计数据库［DB/OL］自制

从上面（如图3-6所示）居民消费支出占GDP比重、城镇居民消费支出占GDP比重和城镇居民消费支出占居民消费支出比重走势图可以看出，自1978年开始，吉林省居民消费支出占GDP比重呈逐年下降的趋势，城镇居民消费支出占GDP比重也呈现逐年下降的趋势，但是城镇居民消费支出占居民消费支出的比重却在逐年上升，从2007—2010年所占比重均为76%，2011年比2010年下降3个百分点，2012年比2011年又增长1个百分点。因此，我们可以说，城镇居民消费水平在逐年提高，这对吉林省经济增长做出的贡献非常大。

在城镇居民消费支出统计数据中，城市家庭旅游消费并没有单独统计项目，因此，可以根据家庭旅游消费占城镇居民消费支出的比重计算得出。根据韩星焕教授在《吉林省农村居民消费现状分析和趋势预测》一文中，通过计算吉林省农村居民在旅游等方面的支出在其生活消费支出所占的比重、农村居民生活消费支出、城乡居民生活消费支出比重，计算得出吉林省城市家庭在1995—2012年用于旅游消费支出的数据，具体如表3-7所示。

表3-7　吉林省城市家庭用于旅游消费等总额支出

单位: 元

年份	支出	年份	支出	年份	支出
1995	96 711.1	2001	176 503.4	2007	342 401.7
1996	72 290.9	2002	204 670.2	2008	343 583.3
1997	91 928.3	2003	206 287.1	2009	368 635.2
1998	121 175.0	2004	253 304.9	2010	442 483.8
1999	145 452.4	2005	283 063.4	2011	705 562.6
2000	173 441.8	2006	345 549.8	2012	1 196 438.9

数据来源: 作者结合中国经济社会统计数据库和《吉林省农村居民消费现状分析和趋势预测》的数据计算得出。

2012年吉林省长春市、吉林市、四平市、辽源市、通化市、白山市、松原市和延边朝鲜族自治州城市辖区人口为144.8万人，按照70%[1]的老年人口有旅游意愿计算的话，那么，2012年就有近101.4万老年人外出旅游，平均每人年消费近0.83万元。由此可见，人口老龄化对老年旅游产业发展的促进作用还是明显的。

3.2　人口老龄化与吉林省城市家庭旅游消费内容

随着经济发展的进步和生活水平的提高，老年人口的逐渐增多对旅游过程的消费结构产生了一定的影响，从消费内容上来讲，老年人注重旅游休闲、精神享受和文娱类项目，这种影响将会是多阶段和多层次的。

---

[1]此处外出旅游比率是依据笔者对长春和吉林市两地调查所得的数据。就整个吉林省而言，无法获得全部老年人外出旅游的次数，故此处有误差。根据统计学中的多阶段抽样法则，就整体而言，基本不影响统计结果的分析。

3.2.1 旅游休闲方式增多

老年人在经历了漫长的工作阶段后，退休后的生活发生了转变，从单位、家里的支柱转变为"幕后工作者"，大量的闲暇时间使得老年人在精神上会产生不适应的状态，容易产生空虚、失落的负面情绪，而外出旅游正好弥补了老年人的心里缺憾。因为，旅游恰好是放松身心的过程。在旅游过程中，老年人既享受到旅游带来的乐趣，又改善了老年人的精神面貌。从调查统计数据来看，有超过7成的家庭中有老年人外出旅游，约有20%的家庭老年人每年进行2次以上的外出旅游，长春市众多的文物古迹也成为老年人外出旅游的首选，随着物质生活水平的提升，冬季去海南旅游消费的人口也在逐渐增多。在外出旅游过程中，喜欢自然风光的35.63%，城市的51.43%，历史文物古迹的47.06%，民俗风情的49.92%，古镇园林的42.86%，宗教场所的33.95%，革命圣地的28.57%，主题公园的35.97%，博物馆的38.15%，详见图3-7。

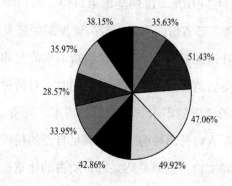

■自然风光 ■城市 □历史古迹 ■民俗风情 ■古镇园林 ■宗教场所 ■革命圣地 ■主题公园 ■博物馆

图3-7 外出旅游目的地分类及比重

图片来源：作者依据吉林省家庭旅游消费问卷调查统计数据结果自制。

其中，去城市旅游、体验民俗风情和参观文物古迹成为选择最多的内容。从理论上来讲，"参与""健康"和"保障"是老年人口外出旅游的重要分析框架，从参与方面来讲，去城市旅游、民俗风情和文物古迹这三类旅游目的地都是强调老年人口"参与者"的角色，在旅游过程中，享受自身对旅游服务带来的"健康"和"保障"，缓解人口老龄化加快给社会带来的一系列问题，实现老年人口的"老有所乐"和"老有所为"。

3.2.2 精神享受逐渐增多

一个地区的经济发展水平、老年人口的教育程度和社会文化之间的差异，使得该地区城市家庭旅游消费的结构也有所不同。吉林省是中国东北的工业、农业和资源大省，旅游资源非常丰富。在振兴东北老工业基地战略的指引下，吉林省经济保持着较快速度的增长，经济发展逐步走上快车道。2012年吉林省实现地区生产总值（GDP）11 937.82亿元，人均GDP达到4.34万元，位列全国第11位，与内蒙古一起成为人均GDP过4万的不是东部省份的省区。较高速度的经济发展不仅促进了人民收入水平的提升，也影响着老年人口消费结构的变动，传统的食品类、衣着类和居住类的消费需求得到满足的同时，对精神消费需求也越来越多。比如对旅游消费的需求、对娱乐的需求，等等。从图3-7中我们还可以看出，老年人口外出旅游主要是满足自己的精神需求，对城市旅游、民俗风情游和文物古迹游最感兴趣，所占的比重也最高，分别为51.43%、49.92%和47.06%，这也体现了吉林省经济发展对城市家庭老年人口精神享受逐渐增多的影响。

3.2.3　旅游文娱支出逐渐增多

从大的方面来看，由于旅游消费过程中伴随着文娱等消费，人口老龄化就使得城市家庭消费结构发生了变动，生存型消费逐渐减少，旅游文娱支出逐渐增多。从老年人口的生理特点来看，老年人口的体力和精力远不如年轻的时候，老年人在饮食等日常生活方面的需求逐渐降低。一是健康需求越来越多。不利于老年人身体健康的生活方式会逐步得到改善，比如年轻时形成的不健康的生活习惯，吸烟、喝酒等不良嗜好也会逐渐减少。随着老年人身体机能逐渐下降，对食品的品质提出了更高的要求，对营养价值高、容易消化吸收的食物比较青睐。这就使得老年人对生存性消费的支出相应减少，而逐步转向外出旅游等健康的生活方式。二是服务支出逐渐增多。随着吉林省老年人口数量的不断增长，高龄老人对医疗保健的需求也日益增长。虽然吉林省经济发展速度很快，医疗保险制度也在逐步完善，城乡之间的医疗水平差距有缩小的趋势，但是很难满足老年人口的医疗保健需求。况且现时代的"看病难"和"看病贵"的问题也没有得到根本改善，这就要求老年人有一部分积蓄来应对未来的生病问题。特别是在保健方面，老年人比年轻人更感兴趣。首先，随着老年人年龄的逐步增加，老年人在退休之后远离了工作岗位，自己有了大量的闲暇时间，老年人外出旅游活动等明显增多；其次，老年人用于保健的日常支出开始增多。退休之后的老年人非常注意自己身体的健康状况，对老年保健品的需求开始增多；三是通信交通类支出开始增多。在老年人口外出旅游的过程中，基本都是乘坐交通工具，这部分支出也开始增多。同时，由于子女已经成家，对不在同一城市的老年人来说，通信支出会相应增多。随着手机、网络等现代通信设备的普及和价格的逐步降低，老年人在旅游过程中会采用手机、

QQ、微信等现代通信手段与子女和朋友进行交流，分享旅游心得体会，这就提高了老年人在通信产品上的支出水平。三是教育文娱支出比例增大。老年人在退休之后，与以前的生活角色基本脱离，与过去的生活也开始疏远。很多老年人对教育文娱开始重视，以安排自己的闲暇时光。很多老年人开始培养自己的兴趣爱好，比如在老年大学学习声乐、跳舞和下棋。在老年大学学习的过程中，老年人又结识了新的朋友，增加了以后组团旅游的可能性。此外，在旅游活动过程中，老年人也会购买与自己爱好相关的纪念品和保健品，导致这部分支出明显增多。

3.3　人口老龄化与吉林省旅游消费市场

从吉林省旅游消费市场的现状来看，老年旅游市场、老年旅游产品和老年旅游产业没有得到应有的发展。在吉林省老年旅游产业逐步发展和完善的同时，老年人也应该自己寻求机会，充分发挥自己的潜力，寻找符合自身发展的旅游资源。上文分析到，在旅游教育等支出方面，老年人的消费呈现逐渐上涨的趋势，而且随着经济发展水平的提升，这种增长趋势越来越明显。虽然吉林省在老年大学、社区活动等方面充分考虑到了老年人的现实需求，满足了老年人在精神层面的需求，比如创建多所老年大学，几乎在每个居民社区都建立的老年活动中心，提供了唱歌、健身和下棋等多种方式供老年人使用。但是在老年旅游方面，依然做得不够。目前，吉林省整个旅游市场并没有专门针对老年旅游而建设相关设施。由于吉林省冬季较为漫长，这就使得老年人外出就近旅游严重不便，因此，吉林省整个旅游市场来看，要做好以下几点。

3.3.1 开发老年旅游市场

20世纪90年代后期，随着我国改革开放的不断深入，吉林省的旅游产业也得到了长足发展。目前吉林省60岁以上老年人口已经达到405.37万人，占全省总人口的15.1%，如果把老年旅游产业作为吉林省经济发展的增长点，就会促进老年旅游市场的发展。目前，在吉林省所有旅游景区中，没有建设专门的老年旅游场所，也没有按照老年人身心特点来设计景区基础设施。为此要加快开发老年旅游市场，吉林省要重点扶持专业性的老年企业，从政策和资金上给予支持，简化老年旅游企业的审批环节，这样既可以促进老年旅游产业发展，又能拉动吉林省经济发展。从另一方面来看，吉林省还可以给予现有的旅游企业以扶持，降低老年人的门票价格，这样既可以促进老年人旅游消费，又能调节旅游市场的旺季和淡季。同时，老年旅游产业是一个新兴的产业，又是针对特殊群体的服务类产业，这就对旅游从业人员的综合素质有着较高的要求。吉林省要加大专门从事老年旅游产业人才的培养，可以开展针对老年人的医疗常识培训和急救知识培训等，让从事旅游管理和导游服务的人才成为复合型人才，以便更好地为老年人服务。除此之外，吉林省还要建立老年旅游服务体系。目前，我国已经成立了"中国老年旅游联合体"，联合体是由全国30多个省、市、自治区中有较强的老年旅游经营资质的56家单位共同发起，联合体吸纳了如北京华运铁旅、上海铁旅等具有专列优势的铁道系统18个路局中12个路局的旅游集团或者公司，同时还联合了国内最早做老年产品并具有丰富经验的江苏康辉国旅等，采取联合体运作模式，特别注重中老年专业旅游和区域化的资源互补。吉林省应该积极参与到旅游联合体中，发挥吉林省旅游资源较多的优势，形成长白山旅游、温泉旅游、萨满文化旅游等适合老年人群休闲和精神文化需求的旅游市场，以增强吉林省旅游产业发展的核心竞争力，并通过该团体网站向社会发布吉林省旅游信息，积极打造现代的网络运营模式，树立吉林省老年旅游品牌，这将是未来老年旅游市场发展的一种趋势。

3.3.2　丰富老年旅游产品

从旅游的环节和内容来看，其基本要素主要包括饮食、住宿、交通、旅游、购物和娱乐这六个方面，因此，在老年旅游产品的提供上，也要遵循这六个方面。

在饮食方面，要丰富老年旅游人口的餐桌。由于老年人身体机能下降，肠胃的消化功能略有退化，特别是在旅游过程中，容易导致老年人的消化功能紊乱。因此，吉林省旅游景区要尊重和体谅老年旅游人口的身体特点，在安排老年人口旅游就餐时，要尽量安排一些适合老年人胃口的食物，比如说要尽量少安排油腻、辛辣和生冷食物，要多安排一些清淡的、营养高的、容易咀嚼和容易消化的食物。旅行社也要加强对导游的管理，特别是在组织老年旅游团队时，导游要及时提醒旅游的老年人注意饮食和卫生，尽量不要安排饮酒。

在住宿方面，要注意选择舒适安静的地方。由于老年人的作息时间和青年人有所不同，老年人一般睡得早，起床也早，对休息环境要求相对较高，因此吉林省在新建设景区基础设施的过程中，要使住宿的选址尽量远离喧嚣吵闹之地。此外，还要针对老年人的身体特点，要尽量注意细节，比如，地板和卫生间的防滑措施做得是否到位。所以，吉林省旅游部门要对旅游景区内的生活设施的设计和装修标准，出台统一的管理条例，尽量让这些生活设施符合老年人的身体特点。

在交通方面，要确保老年旅游人口的安全性和舒适性。老年人出游一般都采用整体包车、包机或包船的方式。比如，在长白山景区，就可以采用集体包车的形式，在外出远途旅游时就可以采用整体包机的办法，而在去查干湖旅游时，可以采用包船的方式，既可以领略湖水风光，还可以作为休息之地。这样不仅可以免去老年人在旅途中搬运行李之苦，还可以免去日程安排过紧带来的舟车劳顿。

在旅游过程中，要注意行程安排的宽松性。老年人无论在视觉功能还是听觉功能上，都不如年轻人。身体的平衡性也有所下降，如果过于疲劳，老年人就容易出现各种病症。因此，旅行社在安排游览路线时。要把老年人作为特殊群体来对待，降低旅游日程的紧凑度，尽量把时间安排得充裕和宽松。此外，旅行社在派导游的时候，也要考虑到老年群体的特殊性，要选派一些经验丰富、年龄稍大的导游，这样不仅可以及时处理旅游过程中出现的问题，还可以拉近导游与老年游客之间的心理距离。

在购物和娱乐方面，要尊重老年人的消费习惯。老年人在旅游过程中，其消费支出基本用于饮食、住宿和交通方面，购物支出非常少。老年人的购买行为和年轻人不同，这类群体购物比较理智，不受旅游商品的包装和销售氛围影响，主要讲究经济实惠，很少产生购买冲动。即使购买，也愿意选择安静的购物环境和热情的销售人员。所以，在安排老年人旅游的过程中，不要强制购物或者尽量少占用旅游时间安排购物环节。同时，还要考虑老年人的爱好，在旅游过程适当安排一些老年人喜闻乐见的节目，比如音乐、桥牌、垂钓和太极拳等娱乐活动，还可以安排一些经典怀旧旅游线路，吸引老年人参与。比如有的旅行社在规划海南目的地的旅游线路中，就加入了天涯结缘、南山祈福、参观敬老院和茶艺表演等活动，并让团里的老年人积极参与到这些活动中；还有的旅行社安排的"长春—济南—蓬莱—长岛"旅行线路，就增加了集体垂钓和渔民谈心等活动，让老年游客在舒适和欢快的气氛中度过旅游时间。

3.3.3　创新老年旅游服务

目前，吉林省乃至全国的旅游市场专门为老年人服务的并不多，创新老年旅游服务和产品是当前和未来发展老年旅游市场的必然要求。而旅游产品的同质性倾向比较高，经营上容易出现趋同性。加之旅游产品本身技术含量比较低，复制性和模仿性比较强，导致吉林省旅游市场基本"大同小异"。除了个别的具有典型的人文或者历史景观，比如长白山天池、集安历史、九台萨满文化、延边朝鲜族文化和白城湿地景观外，其余旅游景区的同质性也比较强。这就导致省内旅游市场容易出现无序竞争的局面，进而使得吉林省整个旅游行业陷入无序状态。为了使旅游企业在竞争中能够占有一席之地，就需要打造老年旅游产品，而提供产品就是提供服务的全过程。从旅游经营者的角度来看，创新老年旅游产品就是旅游资源、旅游设施和旅游服务三者的重新组合，需要改进、打造新产品，提高旅游服务水平，最大化地满足老年游客的需求。针对吉林省老年旅游市场发展现状，旅游经营者可以从老年旅游品牌、老年旅游种类和老年旅游服务上进行创新。

所谓的旅游品牌就是旅游消费者在购买旅游产品时最注重的因素，良好的旅游品牌意味着有较高的服务质量和较好的信誉。老年人在选择旅游产品时，也优先选择具有良好品牌的旅游线路。目前，吉林省老年旅游品牌在数量和质量上仍有诸多不足之处，比如长白山景区的旅游设施，无论是淡季还是旺季，都没有充分考虑到老年人的身心特点，基本采用同一种销售策略。老年游客也期待吉林省旅游能够出现更多的旅游品牌，以增加选择的余地。在打造旅游知名品牌的过程中，最为重要的就是提高服务质量，注重服务细节，在景区管理水平、提供服务产品、增加本地特色上下功夫，毕竟高质量、有特色、服务好的产品是打造经典旅游品牌的重要因素。

从旅游种类方面来讲，创新老年旅游服务种类就是要在继承原有旅游种类的基础上，提供越来越多的旅游产品。种类的创新要根据老年人的实际需求来制订，打造出符合大多数老年旅游的特色旅游种类，比如，可以开发以温泉为载体，以保健、健身为特色；以长白山天池、吉林雾凇为载体，以游览观光为特色；以延边和九台为载体，以民族特色文化为特色；以长春市和吉林市为载体，以城市景观旅游为特色的多种旅游产品，还开可以借助社区的力量，把旅行社和社区联系起来，推出适合"空巢老人"的异地养老旅游产品，以满足老年游客的多样化需求。

从旅游服务方面来讲，创新旅游服务就是要持续改进和提高服务水平，以高水平的服务满足老年游客的需求，并且根据其实际需求不断推出新服务的过程。老年旅游的多元性和个性化的特点，决定了老年人对旅游服务的要求更高。为满足老年旅游群体高要求的特点，就必须不断提升服务水平，拓宽服务领域和创新服务方式。比如，在旅游产品的购买方式上，旅游经营企业可以开展上门服务和电话服务，让老年游客能够方便快捷地订购满意的旅游产品。要对参加过旅游的老年游客及时进行电话回访，以提高旅游经营企业的服务质量。

综上所述，老年人在思维方式、行为方式、生活节奏和消费习惯方面，与其他旅游群体有着明显的不同。如果吉林省老年旅游市场用对待中青年游客的方式来对待老年游客，那么吉林省老年旅游产业的发展将会非常缓慢。鉴于老年人的身心特点和独特需求，要细分老年旅游市场在产品（Product）、价格（Price）、渠道（Place）和促销（Promotion）等四大模块上，都应该在深入了解老年旅游实际消费诉求的基础上进行重新设计，要积极开发老年旅游市场、丰富老年旅游市场、创新老年旅游产品和服务，并采用老年人喜闻乐见的形式进行宣传和推广，真正满足老年人的旅游需求，保障老年人旅游消费的质量。

第4章　人口性别比变动对吉林省城市家庭旅游消费的影响

　　性别是人口的最基本自然属性之一。所谓的人口性别比通常指某一国家或者地区在某一时刻"同一人口总体中的男性人口与女性人口之比"[①]。既包括成年人口性别比，通常用100名女性人口中的男性人口数量来表示；又包括新生婴儿人口性别比，通常用100名女婴人口中的男婴人口数量来表示。在中国城镇居民国内旅游市场中，女性所占的比重较大，并且呈现稳定增长的态势。据相关统计数据显示，"1996年，全国城镇居民国内旅游者之中女性的比例为48.5%，略少于男性游客，到2003年，全国城镇居民国内旅游者之中女性的比例已经增长至54.2%，超越了男性游客"[②]。由于性别是影响家庭旅游消费的重要影

①马瀛通.人口性别比与出生性别比新论[J].人口与经济,1994(1):7-13.
②谢晖,保继刚.旅游行为中的性别差异研究[J].旅游学刊,2006(1):44-49.

响因素①。因此，了解性别比变动与城市家庭旅游消费的关系，对于做大做强吉林省旅游产业具有重要意义。

1　性别与城市家庭旅游消费

金纳德和豪尔指出，"旅游发展与旅游活动各个方面都涉及性别这一概念。在旅游动机、旅游行为、旅游活动以及旅游体验方面，男性与女性有所差别"②。对于城市家庭旅游消费来说，男性与女性在旅游消费中所扮演的角色并不相同，因此，从理论上来讲，在出游活动主体、旅游消费行为和促进地区旅游业发展上，性别都起着不同的作用。

1.1　性别与旅游

性别角色无论在外国还是在中国几乎都被认为是天生的，男性特征和女性特征是不容易被改变的。因此，男人总是倾向于成为专家或者头脑清晰、富有理性的思想家，而不会陷入缠绵的情感之中。我们一贯接受的教育也都认为女性天生的职责就是相夫教子，承担家务劳动。男女在社会活动中明确的劳动分工被认为是自然和生物学上的典

---

①爱里普斯和沙瓦通过对荷兰人格类型理论的实证研究，证明了被调查者的人格类型、性别与旅游行为之间存在显著关系。转引自：唐雪琼，朱竑.旅游研究中的性别话题[J].旅游学刊，2007（2）43-48.

②Kinnaird V H, Hall D.Tourism: A Gender Analysis ［M］.WestSussex: Wiley , 1994 .转引自：谢晖，保继刚.旅游行为中的性别差异研究[J].旅游学刊, 2006（1）: 44-49.

型差异①。

1.1.1　性别与社会性别

在英语语言环境中，性别可以用两个英文单词来表示，分别为sex和gender。sex更多强调依据人的自然属性来划分男女性别，例如the male（female）sex译为男（女）性；而gender在表示性别的时候更侧重于社会意义和性别观念，例如 gender equality翻译为男女平等②。

男女性别受命于天，这是自然遗传造成，亦即生理性别，而如前文所述与生理性别相对应的社会性别则受后天的社会文化所影响并决定。在中国传统儒家理念里，"三纲"所倡导的"君为臣纲，父为子纲"之外，强调的便是"夫为妻纲"，女性先天受父亲、丈夫和儿子支配是中国社会的男权特色。"从父从夫从子"的"三从"与"德容言功"的"四德"是中国社会的女卑写照。时至近代，随着资产阶级革命的胜利，尤其是新文化运动的开展，妇女开始逐渐从封建人伦中解放出来，女性地位开始有了很大程度的提升，可是升学歧视、就业歧视、生活歧视等依然从孩提时代开始笼罩女性一生。

社会性别理论的勃兴为进一步打破这一阴影的笼罩增添了一抹光亮，传统被体制化甚至潜意识化的性别角色模式开始重新被审视，人类对女性的认识开始重新定位。与传统女性主义或女权主义流派一致的是，它们都建立在生理性别差异的基础之上，所不同的是社会性别理论强调社会文化对生理性别的社会化建构，并且这种社会化建构会随着社会文化的变迁而变迁。具体来讲：

---

①罗宾·科恩，保罗·肯尼迪，文军，等译.全球社会学［M］.北京：社会科学文献出版社，2001：148.

②高永伟.新英汉词典［R］.上海：上海译文出版社，2013：626.

　　首先，社会性别理论认为，男女的生理性别差异并不是造成性别差异的主要原因，而是后天社会文化的熔铸。这个社会文化主要包括父母启蒙教育、学校教育、社会舆论、自身经历等，这些自孩子出生后无时无刻不在影响和熔铸着个体的思想、观念，从而决定其行为表现。而这个行为表现的熔铸过程就是社会性别角色认知、识别和形成的过程。这一过程，亦即社会性别理论所强调的社会文化的建构性。同时，社会性别理论进一步指出，这一建构性的过程实质上是女性对男性压迫的反抗过程，是当下父权（男权）社会异化的过程。

　　其次，社会性别理论的目标导向亦非生理性别所追求的男女各自站在利益对立面的双方博弈，而是彼此合力共同摆脱性别束缚，以谋求共同更高层次的自由发展。女权就是男权翻版，强调女权就是二者的绝对平等，抑或女权对男权的压制，等等，这些都是人类对传统男女平等、女性主义流派和社会性别理论的错误解读，其实，社会性别理论所强调的男女平等并不是一方的胜利以另一方的牺牲为代价，而是彼此尊重、相互理解、各显所长、共同发展。之所以目前社会性别理论强调女权，是因为相对于男权女权过于弱势，相对于理论所倡导的目标导向女权没有达到平等话语权地位，因此，该理论呼吁，追求共同发展的根本目标有待于倡导女权这一阶段性目标的达成。

　　再次，社会性别理论颠覆了人们对传统性别观念的认知。社会性别理论的逻辑起点是人的生理性别，肯定器官差异，但同时更认为性别差异并非先天的"一票否决"；该理论基于此进一步强调人类性别的社会性，并认为这种社会性并非一成不变，而是随着社会文化的变迁而变迁，从而颠覆了传统性别观念；该理论颠覆传统性别观念的另一个手段是它从性别角色、行为等社会微观层面对现存的性别身份提出质疑，认为二元对立并非男女性别的主要矛盾，协同共进才是主要矛盾，基于此论断，该理论对传统社会分工发起了挑战。

最后，社会性别理论对于传统女权主义来讲，前者更强调意识形态性，表现为坚守一种社会制度的养成。如上文所讲，它讲求新的社会分工，意欲建构新的社会分层系统，这就决定了它从理论过渡到意识形态而后再过渡到社会制度的"强大野心"。这种"野心"调控着公共资源的分配，以此掌握上层建筑，浸入意识形态。"作为一种社会制度，社会性别是产生分化的社会地位的过程，该过程用以分配权利义务，作为使这些地位呈不平等状况排列到分层体系的一部分，社会性别是建立在这种不平等地位上的社会结构的重要组成部分之一"①。当然，这种"野心"服务于其宗旨的达成，即探讨为什么女性在社会性别制度下一直处于被压迫的地位，并试图解构这种不合理的社会性别制度，消除二元化结构的性别分层。

1.1.2　旅游活动主体中的性别因素

至少在近代以前，男性是旅游的主体，这是由男女性别差异导致的，是"男尊女卑"传统意识形态在当下的延展与表达。男性作为旅游主体的分类主要有帝王巡游、官吏宦游、买卖商游、士人漫游等几个大类。随着近代后工业时代的到来，人类经济发展水平持续走高，因此导致家庭收入水平、个体受教育程度、市场经济中男性劳动力的供不应求及社会分工细化对女性需求等，直接导致人均尤其是女性的可支配收入显著提高，女性群体开始加入旅游行列之中，且其比例额

---

①王政，杜芳琴.社会研究选译［M］.北京：三联书店，1998：82.

在逐年上升。[①]

1.2 性别与旅游消费行为

1.2.1 旅游消费行为

何谓旅游消费行为，目前在学术界还是个有争议的话题。世界旅游组织认为，所谓旅游消费行为即旅游消费是指由旅游单位（游客）使用为他们而生产的旅游产品和服务的价值，而这也恰恰是有学者关于此概念的静态定义[②]（田里、牟红，2007），基于此的动态定义认为，旅游消费行为是指旅游者支付货币购买旅游产品和服务以满足自身旅游需求的行为（过程）。此外，田里等进一步分析认为，旅游消费行为由旅游消费意识、旅游消费习惯、旅游消费水平、旅游消费能力和旅游消费结构等构成。同时，还有学者提出，旅游消费单指旅游产品消费，尤其是旅游景区的核心产品，这一核心产品具有满足游客愉悦和审美的双重需求的属性，是旅游产品的最初形式[③]。（谢彦君，2004）此外，还有

[①]据有关资料表明，美国的公务旅游者中，妇女占了近40%，澳大利亚旅游业最新一项调查显示，家庭旅行的70%决定权掌握在女性手中；悉尼的The York公寓酒店统计，商务客人有35%为女性，等等。在我国最大客源国之一的日本，2000年的1 782万出境旅游者中，男性为953万人，占53.5%；女性为829 万人，占46.5%；就市场规模来讲，占份额最大的仍是20~29岁的女性游客，为265万人。在城镇居民国内旅游家庭抽样调查结果中，在被调查的9 273名国内游客中，男性为4 587人，占49.5%；女性为4 686人，占50.5%，出游人数比重男性与女性大体相当，需要说明的是，女性出游比重几年来都呈上升趋势。根据杨盛青对兰州市民出游情况的调查，女性出游人数比男性高6.18%。因此，我们可以认为，随着经济社会的发展，女性出游人数越来越多，已成为市场争夺的主要对象。

[②]田里，牟红.旅游经济学 [M].北京：清华大学出版社，2007：179-188.

[③]谢彦君.基础旅游学 [M].北京：中国旅游出版社，2004：123-129.

学者①认为，旅游消费是游客以时间和资金为前提条件，以自身休闲娱乐为出发基点，以旅游媒介为服务条件，产生买入或享用的支出活动，这一活动既有精神的也有物质的，既有享受的也有发展的，贯彻整个旅游行为之中。

关于旅游消费的内容，纷繁芜杂，涉及变量较多。从本质上讲，旅游消费属于个人（或家庭）消费行为，同时也属于超越基本消费的高层次消费行为，是基于社会生产力的提高而产生，受地域风俗文化而制约。旅游消费本质上是经济活动，但对于旅客来说经济活动又不是其目的。综合起来看，笔者认为，旅游消费是旅游者在有时间和资金保证的前提下，从自身的享受和发展需要，凭借旅游媒介体创造的服务条件，在旅游过程中对物质形态和非物质形态存在的旅游客体的购买和享用的支出（投入）总和。

关于旅游消费行为的构成，除前述田里等观点外，张凌云②认为，基本消费（衣食住行消费）、主动消费（景点游玩消费）和随机消费三者共同构成旅游消费行为。

由于旅游产品具有一定的特殊性，这就决定了旅游消费行为与其他消费行为有一定的差别，张宏梅③指出，旅游消费行为最基本的内涵是旅游者在旅游动机的刺激和作用下，为达到身心愉悦和放松，选择购买旅游产品和服务的整个过程，这个过程所发生的并不是单一的购买行为，而是多种因素综合作用的结果。谷明④认为，旅游消费行为具有独

---

①宁士敏.中国旅游消费研究［M］.北京：北京大学出版社，2003：5.

②张凌云.旅游者消费行为和旅游消费地区差异的经济分析［J］.旅游学刊，1999（4）：65-69.

③张宏梅，陆林.皖江城市居民旅游动机及其与人口统计特征的关系［J］.旅游科学，2004（4）：22-27.

④谷明.我国旅游者消费模式与行为特征分析［J］.桂林旅游高等专科学院学报，2000（4）：21-27 90.

特的特点，比如边缘性、综合性和超常规体验性。从旅游活动发展的过程可以看出，它与旅游消费者在旅游目的地、旅游心理以及审美过程中的不同抉择有关。吴清津①也强调，旅游消费行为是受到社会文化背景、消费者个性以及情感等多种因素综合作用的结果，虽然具有一定的经济属性，但是并不属于单纯的经济行为。通过旅游中的某些行为，以获得心理和精神上的满足为目标。就本质而言，旅游消费行为能够反映出当前人们以精神享受为目的文化生活方式。

从总体上看，消费者行为主要有消费者购买决策过程和消费行为两个组成部分。购买决策过程亦即去哪购买、购买什么、怎么购买等一系列问题的方案优选过程，表现为消费者个体的消费偏好及个性倾向性。消费行为是购买决策执行过程中的个体表现，二者相辅相成，密不可分，统一于消费者行为整体。

1.2.2 旅游消费行为的影响因素

勒温动力场理论认为，$B=f(PE)$，即行为是个体与环境的函数，行为随个体和环境的变动而变动。因此，影响旅游消费的行为同样是个体与环境综合作用的结果。旅游消费行为的个体因素是游客本身心理过程的集合，包括个性倾向性和个性特征两个大类，个性倾向性由需要、动机、兴趣、理想、信念和世界观等多个子因素构成，个性特征则由能力、气质和性格等构成。外部因素则是个体因素之外的所有外部因子，如所处时代的经济、社会、文化和生态等诸环境。这里我们重点阐述以下几个子因素。

其一是动机：动机即直接推动人行为的内部动力，具有激活、指

①吴清津.旅游消费者行为学[M].北京：旅游教育出版社，2006：122-129.

向、强化等功能。当旅游消费的动机被激活，那么游客就表现出强烈的购买意图，而其本身的消费行为就由内而外表现出明显的主动性、积极性。因此，动机是旅游消费行为的核心要素，贯穿始终，激发动机是刺激旅游消费的关键所在。

其二是感知：感知即个体对周边事物与环境的主观体验，包括听觉、嗅觉、视觉、感觉等几个具体方面。感知可以激发动机，不但可以实现旅游产品从无到有的消费，同时也可以实现从一到二的甚至更多的"重复消费"，如消费前通过营销手段（或展示）使游客对旅游前期感知，旅游中的体验感知，旅游消费后的反馈感知等，伴随旅游消费整体，关乎旅游消费成败。

其三是态度：态度即个体对某一特定事物、观念或他人稳固的，由认知、情感和行为倾向三部分组成的心理倾向。他是个体价值观念形成的基础，是一种倾向性而非行动，表现为"愿不愿意"而不是"能不能"（能力）完成某项任务或从事某项工作。态度对于其他因素最突出的特点是它是通过后天学习形成的，总是表现为好与坏、积极与消极、肯定与否定的评价性。基于此，我们可知态度对于旅游消费来讲是可塑的，直接决定旅游消费行为是否发出，同时我们也可以发现，态度可以通过营销和宣传手段加以干预，从而影响个体的旅游消费倾向。

其四是收入水平：这里包括个体和家庭两个层面，所谓收入水平即一个个体或家庭扣除日常开支外的可支配收入额度，其高低程度直接决定此个体或家庭进行旅游消费或消费开支的大小。有研究表明，只有个体或家庭可支配收入满足其基本生活需求情况下，才会选择进入旅游消费之列，并且满足程度越高，选择旅游消费的增幅（包括参与消费个体或群体数量，亦即消费次数和频率）越大，反之亦然。有资料表明，在美国，年收入在15 000美元以上的家庭外出旅游的可能性，比年收入低于这一水平的家庭大2倍；年收入在25 000美元以上的家庭外出旅游者更多，相当于年收入在5 000美元以下家庭外出旅游数量的5倍。

最后是群体差异性。即群体基于集体行动逻辑而使其参与旅游消费时表现出的有别于个体的差异性。如何区分群体类型，不同分类标准具有不同的类型划分，如基于收入水平划分的白领阶层，基于教育水平划分的大学生群体，基于职业划分的教师修养团，基于文化群体划分的老干部考察团等，由此可见，同一个体可以因划分标准的不同而分属不同群体，而由此也导致了个体在旅游消费中表现的基于群体特性的个体差异性。影响群体特性的因素主要是从众心理，而影响从众心理的因素则包括商业宣传、媒体策划、植入诱导、营销者自身魅力等。

1.3　旅游消费中的性别差异

社会角色理论认为，女性更容易获得他人的认同，与他人建立比较融洽的关系。女性主导下的城市家庭旅游消费更倾向于文化旅游、购物旅游和参与式旅游。性别差异是导致旅游消费差异的一个重要因素，这是因为男女会因为先天生理差别和后天社会环境的双重影响，形成不同的个性倾向性和个性特征（如前所述），从而表现出消费行为的差异。[①]而这种差异恰恰是"性别游客"研究者所关注的重点和核心之所

---

① 美国女性人类学家斯韦曾建设性地对旅游中的社会性别问题具体提出了四个需要进行研究的方面：（1）性别游客（genderd tourists），包括游客的工作/休闲的情况，游客旅游的动机，社会性别之间的关系行为及社会性别之间的关系交易等。（2）性别东道主（gendered hosts），他们的所作所为，东道主社会性别之间不同的权利关系。（3）性别化的旅游交易（genderd tourism marketing），在旅游活动和旅游行为中社会性别（gender）与自然性别（sexuality）之间的关系与交易。（4）性别化的旅游物（genderd tourism objects），即在旅游活动和风景中带有性别表示和指喻的事物以及"标识物"等。

在，通过对游客的性别差异性分析，可以设置个性化的营销策略、景点规划、路线安排和配套服务设施，使得旅游过程更加以人为本，增加游客满意度，从而拉动旅游消费，拉动内需，推动经济的绿色、健康和可持续发展。

2　吉林省人口性别比变动状况

人口出生性别比在所有影响家庭发展能力的变数中最有决定权，特别是在合法生育仅仅限定在家庭内部或者男女两性夫妻之间的时候，这就成为未来家庭组成的基础。因此，男性出生人口与女性出生人口的均衡化，才会塑造未来一定数量结婚率及一定婚龄差保证之下比较稳定的男女两性婚姻的构成。

2.1　吉林省人口性别比变动情况

1949年中华人民共和国成立之时，吉林省人口仅有1 008.5万人，随着改革开放和物质条件的富足，人民生活水平得到极大改善，人口死亡率也在逐年降低，总体来说，男女性别比变动不大。具体见表4-1：

表4-1　吉林省人口性别比

年份	人口出生率	死亡率	自然增长率	人口性别比
2000	9.53	5.38	4.15	104.9
2005	7.89	5.32	2.57	104.4
2006	7.67	5.00	2.67	104.3

续表

年份	人口出生率	死亡率	自然增长率	人口性别比
2007	7.55	5.05	2.50	103.9
2008	6.65	5.04	1.61	102.9
2009	6.69	4.74	1.95	103.8
2010	7.91	5.88	2.03	102.7
2011	6.53	5.51	1.02	102.9
2012	5.73	5.37	0.36	104.2

资料来源：吉林统计年鉴2013［M］.北京：中国统计出版社，2013：50.

21世纪以来，吉林省人口性别比基本在标准值106上下波动，但是从2010年开始，性别比又呈现上升趋势，男女比例失衡的情况逐渐上升。从宏观方面来看，经济社会发展程度的不同会导致人口的总体数量、质量的要求不同。一般来说，经济发展较为先进的地区对人口素质的要求比较高，经济发展相对落后的地区对人口的数量要求比较高。在微观方面，主要表现为家庭经济收入的高低对其生育行为的影响不同。当人们的经济状况比较好的时候，在生育行为上会生育较少的孩子，并注重对孩子的培养。这与当前我国推行的计划生育政策是一致的。按照这种逻辑，孩子作为家庭消费品的功能远大于作为生产力的功能。这就导致男性与女性之间的经济收益差距被人为弱化，因此，也会影响到男性偏好的文化。与之相反，经济社会发展的落后会强化社会的男性偏好，进而导致出生人口比偏高。总体来说，经济发展水平与出生人口性别比有着非常密切的关系，特别是在经济发展水平不高、传统观念严重的地区，出生人口性别比问题就更为严重，如图4-1所示。

图4-1　吉林省人口性别比变动趋势

图片来源：作者依据吉林统计年鉴（2013）相关数据自制

2.2　吉林省人口性别比变动原因

　　吉林省人口性别比虽然在标准值106[①]上下波动，但是性别偏好不是出生人口性别比的唯一影响要素。在20世纪80年代中期以前，吉林省在B超等性别鉴定技术的应用上还没有完全得到普及，主要通过增加人口生育数量的办法来达到生育男孩的目的。从理论上来讲，虽然"生男即止"生育行为对出生人口性别比有着一定的影响，但是并不会使得出生人口性别比出现异常的情况。于是，有学者认为，中国的生育政策客观上限制了生育孩子的数量，迫使人们不得不通过性别选择的方式达到生育男孩的目的。究其原因，主要有以下几点。

[①]由于统计数据的口径不同，在吉林省统计年鉴公布的数据中，人口性别比基本在标准值上下浮动，但是有的学者经过研究指出，吉林省人口性别比失衡的情况比较高，已达到115。详见：石人炳.我国出生性别比变动新特点——基于"五普"和"六普"的数据比较[J].人口研究，2013（2）：66-72.

　　一是法制发展水平有待提高。从我国户籍管理制度来看，"公民应在经常居住地登记为常住人口"。虽然国务院办公厅在2012年2月23日发布了《关于积极稳妥推进户籍管理制度改革的通知》。强调要继续探索建立城乡统一的户口登记制度，但是现行的人口登记制度仍然是以城乡二元的户籍管理制度为主，由于求学、经商、务工及流动人口因素的影响，人口的居住地点经常发生变动，使得人口的户籍信息与实际情况差距较大，加上大量的计划外生育、出生女性的瞒报漏报等，给户籍管理造成了一定的困难。

　　从女性的社会地位及发展来看，虽然我国制定了《中国妇女发展纲要》，并强调要把妇女发展纳入经济社会发展的整体规划。但是现行的法律法规中，并没有从性别平等的视角对妇女权益、妇女发展等做出相关规定，甚至有些法规在一定程度上起到了强化性别不平等的作用。比如在《女职工劳动保护条例》中，强调要维护女职工在卫生福利、产假休息等方面的合法权益，实际上恰好强化了性别不平等的观念。

　　从目前吉林省执行的《吉林省人口与计划生育条例》的内容来看，在执法主体、打击"两非"的法律依据和处罚取证等方面，都存在一定的问题。从执法主体来看，《吉林省人口与计划生育条例》中虽然规定了对"两非"行为的责任人，由县级以上计划生育部门依据职权，进行处罚。而性别鉴定的提供者则是医疗机构的工作人员，从行政隶属关系来看，上级卫生部门则是他的主管部门，这就形成了计划生育部门与卫生部门之间主体的混乱，不容易达到严格执法。在打击"两非"方面缺乏明确的法律依据。从法理学来讲，非法鉴定性别属于行政处罚，并没有纳入追究责任的刑事范畴，同时对"两非"行为的处置规定并不详细，导致其可操作性下降。从行政处罚取证的角度来看，目前的管理条例中，取证难度和处罚力度仍有待加强。随着科学技术的发展，使得胎儿鉴定技术越来越容易操作，比如在农村就存在流动便携式B超机，这就导致性别鉴定的取证非常困难。退一步来讲，即便是情况查证属实，也没有办法将其列为刑事犯罪，这就导致打击"两非"工作起不到其应有的威慑作用。

二是治理水平有待提高。出生人口性别比的治理工作不能只靠政府指令或者政府的计划生育部门去推动，需要生育观念的转变与社会的协同配合，但是目前在治理主体和治理机制等方面仍需进一步完善和提高。

从生育观念来看，目前国家和地方政府把治理出生人口性别比的工作当作是宣传部门的重要任务，但是仅仅依靠政府宣传教育的引导和打击"两非"，效果很不理想，甚至还强化了男孩的生育偏好。因为影响出生人口性别比失衡的因素不仅涉及到经济、政治、法律和社会生活，还涉及到生育观念的转变。如果政府一味利用行政手段，而不采用通过正确的宣传引导生育观念的转变，那么治理的成效在长时期内不会有大的提高。毕竟生育观念是社会各种因素综合作用的结果。

从治理主体来看，首先是责任部门不明确。治理出生人口性别比失衡的工作主要由计划生育部门负责。但是医疗机构隶属于卫生部门管理，上文讲到，由于"两非"案件中的责任人主要是公立医院的医务工作者。虽然《吉林省人口与计划生育条例》中规定了要对违法行为进行处置，但是并没有明确规定是两类都处理，还是处理主要责任者，这就导致对"两非"行为追究责任比较困难。从部门协作来看，计划生育部门作为治理出生人口性别比的主管部门，卫生部门作为协同配合部门，但是在实际执行与操作的过程中，两个部门统一联合执法、统一监督、统一督查的工作局面很难形成，部门之间推诿扯皮的现象时有发生，齐抓共管的局面还没有形成。此外社会参与的力度不够。治理出生人口性别比失衡不仅是一个人口问题,更是经济社会发展的全局性问题。仅仅依靠政府的法律、部门的法规是远远不够的,需要全社会的积极参与。当前的治理工作,体现着自上而下的行政命令色彩,并没有形成上下联动的局面,忽视了群众在监督、参与过程中的作用。

从治理机制上看,如果没有形成完善的出生人口性别比的治理工作机制,那么治理成效将会大打折扣。虽然吉林省把出生人口性别比的治理工作纳入人口和计划生育部门的目标管理与考核体系,但是并没有形成完善的治理机制。首先考核评估机制不健全。吉林省政府以及各级地方政府经常依赖统计数字,对人口和计划生育目标管理责任的落实展开考核,但是并没有完全推行"一票否决制",这就没有给地方政府官员制造较大的压力。其次是性别比监测机制有待完善。出生人口数据的第一手资料应该来自卫生部门的医院接生和出生医学证明等信息。但目前出生人口性别比的检测主要靠统计部门的数据,这就使得精准程度不够,容易出现出生人口性别比的真实情况失真,进而会影响进一步的判断和决策。再次是缺乏相应的信息发布机制。治理出生人口性别比失衡需要广大人民群众的积极参与和大力支持。人民群众作为治理工作的重要参与者应该有一定的知情权。比如当前出生人口性别比治理工作取得的成效、存在的困难、下一步采取的措施;出生人口性别比失衡所带来的危害等等,这些都应该通过相应的信息渠道向社会公布,让全社会都参与到治理工作的进程中来,只有这样才能调动群众的监督意识和参与的积极性。

三是社会政策不完善。目前学界普遍认为出生人口性别比偏高的根本原因在于男孩偏爱的生育观念,这种观念影响深远。虽然当前"一孩半"的生育政策在抑制人口快速增长方面确实起到了立竿见影的效果,但是这种第一胎是女孩的农村女性,在4~5年之后仍然可以生育第二胎的政策，似乎从客观上强化了城乡差别和男女不平等的现实存在。让第一胎是女孩的农村家庭再生育第二胎本身就体现了男孩偏爱的观念，从客观上弱化了女孩在家庭中的地位。"出生人口性别比在113～120之间的地区，有59%属于'一孩半'政策的地区，31%属于'一孩'政策地区"①。"这种城乡有别、户籍有别、男女有别的生育政策，虽然在一定时期起到了控制人口数量的作用，但其负面的作用也在显现"②。因此，要想治理出生人口性别比偏高的情况，首先就需要转变男孩偏爱的生育观念，从制度设计、政策激励、性别平等诸多方面逐步强化，通过这些措施才能从根源上消除男孩偏爱的生育观念。

从社会政策的女性视角来看，当前的政策对女性的成长、事业发展缺乏全程的关注和设计，特别是促进妇女就业和保障妇女事业发展的政策规定并不详细，更多地强调育龄妇女的生育和家庭责任，这就导致操作性和执行性不强，比如在读书、就业和参与社会事务管理等方面与男性存在明显的差异。《第三期中国妇女社会地位调查报告》的数据显示："在就业求职过程中遭遇过性别歧视的女性占10.0%，在有求职经历的女大学生中有24.7%的人反映曾遭遇过不平等对待，2.2%的在业女性作为国家机关、党群组织、企事业单位负责人，占男性相应比例的一半，高层人才单位的负责人为男性的占80.5%，城乡在业女性的年均劳动收入均低于男性"③。这在一定程度上反映了女性与男性在职业上升渠道、经济收入和社会地位等方面，很难与男性持平。这就需要从政策方面进行调整，对女性在就业、职业发展等方面提供相应的便利。

────────────

①黄润龙.我国出生性别比偏高因素研究及其治理建议[M].北京: 人民出版社, 2012: 186.

②宋艳芹.我国出生人口性别比失衡的治理对策研究[D].山东大学.

③全国妇联, 国家统计局.第三期中国妇女社会地位调查主要数据报告[DB/OL].(2011-10-21)国务院新闻办公室新闻发布会材料http://www.china.com.cn/zhibo/zhuanti/ch-xinwen/2011-10/21/content_23687810.htm.

　　此外，当前社会保障体系不健全也制约了性别比平衡发展。受制于我国当前实行的人口政策，虽然人口总量和增长速度被控制下来，但导致家庭规模越来越小了。"晚—稀—少"的生育政策导致越来越多的"一孩"家庭向核心家庭类型转变，这就产生了新的代际关系，即"四二一"或"四二二"家庭的代际关系。比如，两个年轻人同时要面对四个老人和一个孩子，或者面对四个老人和两个孩子，那么独生女成长的风险，老人养老的风险等问题都浮现出来。吉林省自2005年进入全面老龄化社会以来，社会人口抚养比也在逐年增加，加上经济发展水平、社会养老服务的制约，以及"养儿防老"观念的存在，使得刚刚转变的生育观念出现了反复。虽然吉林省辖区各级政府都制定了奖励扶助政策，由于奖励扶助标准不高，对彻底解决这些问题也是杯水车薪。因此，只有制定更加合理、更加完善的社会保障体系，才能在转型时期逐渐改变对男孩的偏爱。

2.3　吉林省人口性别比变动后果

　　一是对终身未婚比的影响。吉林省婚姻拥挤程度和比例，主要取决于未来吉林省真实的人口出生比例。每年出生人口数量是否会逐年减少，女婴是否存在漏报等因素都作用着终身未婚比。加之生育男孩偏好的存在、年龄结构的进一步老化和历史累计婚姻拥挤结果的传递，那么，吉林省的婚姻拥挤很有可能导致终身不婚的水平的增长。

　　二是对夫妻年龄差的影响。无论是省内还是省外，婚姻拥挤对夫妻年龄差的影响都非常显著。有调查结果表明，大多数理想的婚龄差是男大于女在1~3岁范围内。由于中国特有的文化和习俗，男性倾向于寻找比自己小3~4岁的女性为伴侣，当初婚市场出现男性婚姻拥挤时，夫妻之间的年龄差就会出现扩大的趋势；反之则会出现逐渐缩小的趋势。随着吉林省未来男性婚姻拥挤程度的升高，吉林省未来夫妻年龄差将会呈现逐渐扩大的趋势。

三是对吉林省经济社会发展产生影响。当男女比例均衡发展时，某些适应女性工作的诸如技术、管理等岗位，并不会歧视和排斥女性，此时，女性可以通过工作上的努力，来获得和男性公平竞争的机会。但是当人口性别比失衡的时候，特别是男性远多于女性的时候，女性的就业优势就会遭到削弱。考虑到女性的生理特点，女性还要承担人口繁育的责任，这就会影响到工作的时间和强度，导致在同等条件和学历下，用工单位倾向于男性。目前吉林省就业市场已经存在"招人的男女比例最好维持在2∶1"的"潜规则"，随着就业形势的日益严峻和男性求职者人数过多，很多用人单位不愿意聘用女性，或者在聘用时对男女求职者采取不同的标准，即使学历高、能力强的女性也会受到就业性别歧视的困扰。由于婚姻拥挤所造成的终身未婚人口的绝对数量上升，就会导致未来出现大量的"单身家庭"，这就为社会养老提出了新的挑战。从城乡出生人口性别比来看，吉林省乡村男性比重也非常高，这也使得农村劳动力出现剩余，为了解决这一问题，农村剩余劳动力会转移到城市，一方面会缓解城市劳动力短缺的压力，另一方面也增加了流动人口管理的难度，如此庞大的大龄未婚农村青年流动人口群体，对城市管理和社会稳定都会产生一定的影响。

3　吉林省城市家庭旅游消费的性别差异分析

3.1　旅游者行为性别的差异

"居民家庭旅游消费是一种高层次的消费，属精神和文化消费范畴"[①]，女性旅游是社会进步的标志，也是旅游发展的产物，其正成为旅游发展的热点，在城市家庭旅游消费过程也体现了这一特点。从对长春市和吉林市的问卷调查分析来看，男女不同性别在城市家庭旅游消费中的角色不同，比如在旅游决策、旅游消费、旅游购物等方面，男女并不相同。和男性相较而言，女性在轻松缓解压力、了解旅游目的地的风土人情和旅游过程中的购物环节比较感兴趣；获得旅游信息的主要来源为亲朋好友的推荐；特别注重旅行过程中的天气变动情况；在旅游目的地的选择上，女性比较倾向于具备民俗风情和购物的目的地；在出游方式上，女性倾向于选择"与伴侣一起"；在旅游过程中女性比较偏爱照相和散步。

3.1.1　城市家庭旅游消费的出游动机差异

从旅游动机方面来讲，女性旅游者在"放松身心解除疲劳"、"让孩子长见识、学习和教育"、"购买名优特产品"三方面表现得最为突出。在当代社会，女性在工作和生活等方面的压力与日俱增，特别

[①]崔庠, 黄安民.居民家庭旅游消费行为初探[J].人文地理, 1995（2）: 37-42.

是职业女性肩负的压力是多重的，比如说来自工作内容的压力、工作竞争的压力、年龄的压力、人际关系的压力，等等，使得女性在精神和身体两方面的压力急剧上升。根据《中国统计年鉴》（2010）中公布的数据，国内女性劳动人口已经占到国内劳动总人口的49.6%。在《2009—2010年：中国女性生活状况报告（No.4）》公布的数据中，有85.5%的受访者感觉到有工作压力；有49.9%的受访者感觉工作压力较大或者很大；35.6%的受访者感到工作压力一般，14.5%的受访者感受不到工作压力[①]。由于女性除了在工作单位正常上班外，还要承担繁重的家务劳动，工作种类的繁多使得他们休息时间相对较少。正如美国学者霍克希尔德所言，女性在面对工作太多而时间太少的矛盾时，基本上都减少自己爱好的种类，比如放弃阅读的时间、放弃看电视、访友等活动。加上传统中国所具有的"男主外、女主内"思想的存在，女性承担大部分家务，在生育和照顾孩子方面也会占用其大部分时间。从社会角色理论来看，女性对家庭成员以及孩子的责任感是社会化长期作用的结果，认为照看和关心别人具有很高的价值，这就导致很多女性在参加工作后并没有减少相应的家务劳动，对职业女性而言，如何找到一些能够自由支配的休闲时间就成了生活中重要的选择问题。从这点来看，现代女性尤其是职业女性迫切需要在烦琐的生活中寻求休闲放松，以实现身心的平衡。研究休闲旅游的学者指出，休闲旅游是人类行为能够实现自我满足的一个重要方面。而在旅游的过程中，女性可以从繁重的劳动中解脱出来，能够暂时获得较为充足的闲暇时光，通过游览自然景观、历史文物古迹等消遣活动，可以让这些女性能够体验到自由选择的乐趣，能够达到改善目前生活状态，通过放松实现"充电"的目的。同时，外出旅游

---

①韩湘景.2009—2010年：中国女性生活状况报告 [M].北京：社会科学文献出版社，2010.

还能扩大女性的社会交际范围，增进女性在家庭成员和社会群体之间的心灵交流和人际沟通，以释放来自职场竞争、家庭生活的巨大压力，进而可以让其更能深刻领悟人生的真谛和生活的意义，促进其个性和能力的全面发展。

在购物过程中，男女性别不同也导致其在购物模式方面存在差异。所谓购物过程中的性别差异，主要是指男性和女性在旅游购物过程中，由于性别及社会角色的不同，所造成购物过程中产生的心理差异，其外在表现就是男女在购物行为和购物模式上存在的差异。这些差异的形成，既受到男女不同心理及个性的影响，又受到社会环境及社会地位的影响。

此外，当今女性在自身文化修养方面也非常注重，在外出旅游景点选择上，城市景观、历史古迹、民俗风情和古镇园林等富有文化气息的景点颇受青睐。就旅游景点本身来讲，其所具有的文化内涵和价值意义比较丰富，能够起到教育、学习、提高文化修养的作用。对于那些有小孩的青年女性来说，这些景点是他们带小孩旅游的良好去处，这样既放松了自己，又让孩子在旅游过程中增长了知识，达到了寓教于乐的目的。在调查问卷分析的过程中，还发现学历越高以及经济能力越好的女性越倾向于外出旅游。

女性是感性的动物，消费是其天性，是感官与精神的享受，各年龄、各阶层皆如此。这一事实从心理学角度归因为以下四点。

一是归因于女性对美的追求，而美与购物与消费相勾连；二是归于女性独特的情感特征，即基于母性的温柔与细腻，顾及友人的关切与温馨，正如卡罗·吉列根所说："在妇女的心理发展过程中，充满了对他人的关怀和关切。"由此就导致相较于男性的理性女性而言更多表现为感性，因此购物中也表现出忽视商品的使用价值，而更多强调自身的主观感受和商品工具价值之外的审美意义。三是女性具有独特的心理特质，丰富而敏感，在物质社会充斥的当下，购物更成为女性精神满足的工具；四是攀比与炫耀心理的"作祟"，通过旅游过程中的购买与消费，使得有形商品成为旅游这一无形行为的载体，因此购买也就成了女性"双脚丈量过多少土地"的见证。

3.1.2 城市家庭旅游消费的信息搜集行为

相较于带有广告性质的媒体宣传，女性朋友更青睐于亲朋好友的体验式分享。这种分享过程的优势是易于选择、节约时间成本、减少旅游过程中的突发情况和不确定性。当然，这些特征都不是吸引女性朋友更倾向于分享的主要原因，更主要的原因是女性从众心理更重。身体独立性强、精神适应性差，害怕无人陪伴、更恐惧无人理解，这些性格特征都决定了女性从众趋同的特性，从而导致了女性独特的旅游信息搜集方式。

3.1.3 城市家庭旅游消费的出游偏好

"结伴而行"是女性出游的主要方式，这个"伴"可以是朋友，可以是家人，可以是同事，也可以是伴侣，这是提高旅游个体的满意度，同时也是提高朋友亲密度、家人和谐度、同事融洽度和伴侣婚姻满意度的重要手段和方式。比如，对于婚姻伴侣来讲，旅游行为结伴而行频率与婚姻幸福感指数呈显著正相关。这种正相关相较于男性来说，女性表现得更为突出，旅游行为在当下已然成为家庭成员情感培养、升温或调节的最为有效的手段。在子女教育中，女性也经常介入旅游的方式，即通过旅游营造子女教育情境，从而调和并增进母子（女）关系，提高子女教育的效率和效果。

休闲漫步和摆拍与抓拍是女性旅游中的主要活动,这正是前文所论及的,在目的地女性更倾向于以相机、手机等现代媒介将景致物化,而非像男性一样注重自身体验。独处、发呆、钟情一处流连忘返,等等,都是女性对目的地旅游行为的具体写照。

3.2 吉林省城市家庭旅游的人口性别因素分析

吉林北接黑龙江南邻辽宁,风土人情既有粗犷的成分也有细腻的一面,在旅游消费实践中常有体现。根据相关调查数据显示,吉林省家庭旅游考虑因素多以景点服务态度、已有体验的分享等。因此,探讨吉林省家庭旅游的人口性别因素,关键在于探讨景点所在区域政府和企业这个支点。

3.2.1 旅游目的地政府的因素解析

首次赴某地的旅游者对于目的地来讲是潜在的消费者,而一个旅游目的地对于首次参与者意味着陌生,陌生者对于目的地的选择多以目的地形象为主要决策参考要素。因此,政府基于人口性别因素应考虑以下几点。

首先,应注重经典形象的打造。景致美丽、颇具特色、交通便利等固然是形象的主要方面,但是考虑到性别因素,单单注重这些是忽略形象细节的表现。对于女性游客来讲,形象的打造应该围绕目的地安全因素、基础设施因素(如考虑女性体力因素的缆车、观光车等是否便捷,考虑女性生理特殊性是否有足够的卫生设施)、舒适因素、便利因素,等等,只有这样才能真正迎合女性游客区别于男性的独特心理特征,真正建构起影响女性旅游决策的形象特征。

其次，应设立女性特色服务区域。个性化服务是目前商业领域最为活跃的关键词，作为重要的经济行为，旅游消费同样也应注重个性化服务。这一个性化服务对于女性因素来讲，就是要设立针对女性心理和生理特征专门的服务区域。如对于哺乳期女性的哺乳区域，对于注重保养护肤女性的庇荫与化妆区域，对于生理期女性的卫生保健区域，等等。同时，考虑女性特殊的购物与消费心理，设立便捷的、高频的商业区域，便于女性游客购物与消费。

最后，合理利用商业资源平衡旅游季节差别。旅游业是受季节因素影响较大的行业，淡季与旺季区分明显，如何平衡旅游旺季与淡季是考验政府管理能力的一个标准。女性很容易受到情感方面的暗示，特别注重服务质量，因此，采取合理的营销手段，培养女性对旅游企业与产品的好感，是赢得女性旅游消费市场的重要途径，这样不但可以突出某一景点有别于其他景点的典型特征，同时也有助于引发轰动效应，刺激有效感知，吸引游客。如果将性别因素考虑在内，建议在女性主题活动中多加考虑，这主要是因为女性独特的购物心理，如"三八"主题购物节就为各旅游景点所青睐。

3.2.2 旅游目的地企业的因素解析

一要采取温情销售策略。出于女性性格特征考虑，景点的人际营销方式、口口相传的潜移默化、注重质量的"好再来"，等等，都是温情策略的具体表现，这些润物无声的情感暗示是联络旅游供体与女性受体的首要选择，同时也是赢得女性旅游决策主动权的重要途径。如生日的优惠与礼品馈赠、结婚纪念日的折扣服务、女性专门用品的特殊准备，等等，都是温情策略的具体实施手段。

二要适时推出浪漫旅游路线。"女人来自金星"具有天然浪漫的禀赋，这种禀赋或表现为火热的表达，或表现为内心的渴望；"男人来自火星"具有天然的保护欲望，这种保护欲望或表现为主动的"撑伞""埋单"，或表现为被动的"顾及颜面"。这种独特的男女个性，正可以为旅游企业所利用，打造浪漫主题旅游。如彰显文化气质的江南之行，如包含浓情蜜意的三亚之旅，等等，都可以极大地影响女性旅游决策，同时增加旅游消费支出，活跃旅游经济发展。"去哪儿网"在2012年3月份发布《2011女性旅游趋势报告》[1]中也反映，在旅行目的地的选择上，与男性相比女性更青睐浪漫、购物、文化气质等特性。旅游企业在旅游产品供给以及线路设计中应该考虑到这点，专为女性旅游者推出浪漫、时尚的旅游线路，关注女性文化旅游市场等。

---

[1] 新民晚报.2011女性旅游趋势报告发布 逾3成女性年出游3次以上 [DB/OL].(2012-3-6).中国经济网: http://www.ce.cn/macro/more/201203/06/t20120306_23133076.shtml.

第5章　人口自然结构变动对城市家庭旅游消费影响的思考

　　研究人口自然结构变动与城市家庭旅游消费的关系，很重要的原因就是要探讨人口自然结构的变动对城市家庭旅游消费乃至对产业转型和发展的影响。从上文人口老龄化与人口性别比对吉林省城市家庭旅游消费的影响来看，如何实现人口老龄化、性别比平衡与旅游产业同步发展，则是吉林省需要面对的重大问题。

1　城市家庭旅游消费的需求分析

　　影响城市家庭旅游消费的因素非常多，比如价格、交通、天气等因素，这些都是客观因素。那么从主观上来看，影响城市家庭旅游消费的就是人口的自然结构，人口老龄化和人口性别对城市家庭旅游有着不同的影响。为此，从城市家庭旅游消费的需求来看，就是要挖掘老年人口红利、提高社会保障水平和发展老年产业，让老年人有足够的收入去消费，提高城市家庭旅游消费的承载能力。此外还要治理人口性别失衡，促进人口性别平衡发展，以此来带动城市家庭旅游消费乃至整个旅游市场的均衡发展。

1.1 挖掘老年人口旅游红利

新中国成立以来，中国已经从一个"人口过渡型社会"转向"后过渡型社会"[①]，吉林省也不例外。正如前文所述，随着老年人口的逐渐增多，加上老年人口可支配收入的增多、自由闲暇时间的增多和健康程度的提升，老年人口旅游消费的欲望越来越强烈。但是在这些因素中，老年人口的可支配收入是最为关键的因素，因为只有老年人口收入有了持续的保障，才能促进老年人口消费的增长，进而才能带动经济发展。

1.1.1 实行弹性退休制度

1951年2月26日，《中华人民共和国劳动保险条例》的发布，意味着我国城镇职工社会保障制度的建立，经1953年1月2日修订后，该条例一直沿用至今。条例规定："男工人与男职员年满六十岁，一般工龄满二十五年，本企业工龄满五年者；女工人与女职员年满五十岁，一般工

---

①人口过渡型社会的特征是死亡率的降低带来人口的快速增长，而紧随其后的生育率下降又减缓了人口增长速度。人口转变后社会的特征是期望寿命再创新高、生育率低与人口替代水平和人口老龄化的持续加剧。见Wang Feng, Andrew Mason.中国转型过程中的人口因素.载劳伦·勃兰特, 托马斯·罗斯基.伟大的中国经济转型[M].上海: 格致出版社, 2009: 114.

龄满二十年，本企业工龄满五年者；井下矿工或固定在华氏三十二度以下的低温工作场所或华氏一百度以上的高温工作场所工作者，男工人与男职员年满五十五岁，女工人与女职员年满四十五岁；在提炼或制造铅、汞、砒、磷、酸的工业中及其他化学、兵工工业中，直接从事有害身体健康工作者，男工人与男职员年满五十五岁，女工人与女职员年满四十五岁"[①]，均可享受退休后养老待遇。后经第五届全国人民代表大会常务委员会讨论，决定"在党政机关、企事业单位和社会团体等工作的男性干部退休年龄为60岁，女性干部退休年龄为55岁；在企业工作的男性职工退休年龄为60岁，女性工人为55岁"，这个退休政策一直沿用至今。

在实际运行过程中，存在着提前退休，退休年龄稍显年轻的情况。根据相关调查数据显示，目前我国"有997万人属于提前退休，占参加调查退休人员总数的56.8%，其中男性491万人，女性506万人，分别占总参加调查男、女退休人员的66.3%和49.9%。提前退休人员平均退休年龄为50.3岁，其中男性53.3岁，女性47.4岁"[②]。从领导干部选择提前退休的原因来看，主要是因为职业生涯已到暮年，自己晋升的空间基本消失殆尽，而单位新干部又缺少上升的职位，这就需要及时"腾出"职位，既能减少自己不必要的劳动付出，又不影响单位年轻职工的上升空间和时间。这与我国处于社会主义经济转轨时期，转变政府职能，提高政府服务水平和效率是分不开的，需要"分流"部分劳动资源。从企业和职工的个人角度来看，主要是因为出于经济收益上的考虑和权衡。一方面是由于企业给予提高劳动产出率，摆脱职工老龄化带来

①中华人民共和国劳动保险条例［DB/OL］.（2013-12-1）.国务院法制办公室 http://fgk.chinalaw.gov.cn/article/xzfg/195301/19530100268767.shtml .
②转引自：周旭.我国实行弹性退制度的可行性及难点研究［D］.西南财经大学，2013.

劳动生产率下降的不利局面；另一方面是由于退休职工拥有较为娴熟的技术和丰富的管理经验，退休之后可以再创业，以保障和维持其退休前的生活水平。但是这种情况使得国家和社会面临巨大的风险，不仅导致养老金的资金缺口越来越大，还打破了劳动力市场上的供需关系，如果出现"退而不休"的情况就使得供给远远大于需求，那么年轻人本来就难以就业的情况就会更加严重。

从吉林省的情况来看，随着生活质量的提高，住房条件的改善和医疗卫生水平的提升，人口平均预期寿命也再延长，因此在人口预期寿命较低的情况下指定的法定退休年龄政策就显得落后于时代的发展，也不符合吉林省老龄化人口的现状。此外，吉林省高等院校较多，高等学校毛入学率非常高，达到32.3%。受过高等教育的劳动力在进入工作之前，接受教育的年限较长，通常情况下，本科就业年龄为24岁，硕士就业年龄为27岁，博士就业年龄为30岁左右，因此这部分劳动者就面临着就业晚退休早的窘境。从生命周期理论来看，年轻时代的消费主要以刚性支出为主，购买住房等生活必备品，步入中年时代之后，才开始步入储蓄阶段，步入老年之后，类似于城市家庭旅游的精神层面的消费才开始逐渐增多。

从上面的分析来看，随着人口预期寿命的增加，高学历人群步入工作的时间比较晚，这就使得在退休年龄不做调整的情况下，个人生命周期的工作时间就会大大缩短。虽然国家规定的法定退休年龄带有强制性的意味，但是退休作为公民的一项权利，公民有权利选择符合自身的合理的退休年龄，以利于更好地发挥其丰富的工作经验，延长生命周期中的消费阶段。鉴于此，可以渐进式的推行弹性的退休制度，一方面可以有效应对人口自然结构的变动，适当延长我国的人口红利，避免劳动力短缺特别是高级劳动资源短缺局面的出现，同时还可以充分发挥老年人力资本优势，增加老年人口的经济收入，使得老年人有消费能力，进而才能带动城市家庭旅游消费。

1.1.2　引导老年人再就业

引导老年人再就业是提高老年人口经济收入的重要举措。从目前吉林省的情况来看，老年人口就业特别是城市家庭老年人口再就业方面，情况不是很理想。主要表现在相关的综合管理机构缺乏、对老年人口再就业的培训机构寥寥无几和法律保障不健全，加之老年人口再就业的渠道比较缺乏，使得老年人口再就业成为重要问题。

一要转变老年人口的再就业观念。从老年人口自身来说，老年人口再就业不仅可以增加自身收入，提高收入水平，还可以顺便改善老年人口身体健康状况。从积极的角度来讲，促进老年人口再就业还可以提高老年人自身的幸福指数，促进老年人口自我价值的实现。从企业发展的角度来看，促进老年人再就业可以缓解企业成熟劳动力短缺的状况，因为老年人口在一个企业工作多年，技术非常熟练，管理水平也比较高，工作经验的丰富性和稳定性更高，不必为技术、管理等经验不足而担心。同时，那些具备特殊技能的老年人口，并不会因为退休而降低自身价值，特别是以医生为代表的经验累积性劳动力。随着年龄的增长，虽然老年人口在身体机能上不如青年人口，但是老年人口的工作经验反而使得其劳动技能会逐步提升。因此，老年人口在重新就业之后，使得企业可供选择的机会更多，最大限度地调动人力资源，提高企业的劳动生产率，进而促进企业经济效益的提升。从社会角度来看，虽然人口老龄化会对整个社会的养老保障制度造成冲击，但是从积极的角度来看，老年人口再就业不仅可以缓解目前养老金的缺口，还可以降低整个社会的人口抚养比重，进而减轻社会压力，甚至还可以缓解社会层面的劳动力供给不足。

二要探索建立老年人口再就业的专门管理机构。老年人口的再就业的发展程度是与经济社会发展程度密切相关的，更与对老年人口的认识有关系。在经济增长乏力的情况下，仅仅依靠市场这只"无形的手"是不能有效形成稳定而良好的老年人口就业市场，必须需要政府这只"有形的手"来进行调控。在老年人口就业的问题上，虽然吉林省民政厅、人力资源和社会保障厅等多个部门有所涉及，但是并没有一个专门的管理机构协调处理该问题。由此导致在老年人口就业市场方面没有形成统一的整体规划，出现了多头管理的局面，导致管理过程中权责不清等问题。鉴于此，可以建立一个专门的管理机构，吸引多方面资源，引导政府和社会对老年人口再就业的重视，积极推动老龄人力资源的开发。

三要开展针对老年人口的再就业培训。相对于青年人来说，老年人明显缺乏体力和精力，在与青年人共同就业的大潮流中，核心竞争力相对较低，因此，就需要有相应的培训机构为老年再就业提供帮助，比如可以针对吉林省老年人口的特点，在老年大学中，适当组织开展农业知识和汽车职业技能等专业培训，引导有技术的城市老年人发挥其"传、帮、带"的精神，对不懂技术、文化低的老年人进行专业培训，进而提高老年人口整体的核心竞争力。此外，还要健全老年人口再就业的法律制度保障。老年人口再就业过程中，特别需要注意的就是劳资纠纷与合法权益如何被保障。

1.1.3 鼓励老年人消费

人口老龄化的迅猛发展，对吉林省而言既是机遇又是挑战。作为庞大的老年人口群体，其消费能力对促进旅游等消费市场健康发展的意义是不言而喻的。从吉林省老年人口规模、经济发展水平的提升和生活质量的改善来看，吉林省老年人口拥有巨大的消费潜力。从老年人口增长速度来看，吉林省在60岁以上的老年人口占总人口比重方面，吉林省比全国高出1.4个百分点，65岁以上比重比全国比重高出1.5百分点，吉林省人口老龄化速度明显快于全国，从老年人口规模来看，规模的不断扩张，老年人口消费的增长潜力也会持续上升。在可预见的未来，2015年吉林省65岁以上人口为297.3万人，2020年为406.5万人，2025年为504.1万人，2030年为617.4万人。这种庞大的老年群体会成为旅游消费市场发展的持续动力。从经济发展水平的角度来看，吉林省老年人口的购买力将会不断增长。老年人口的消费需要有一定的经济基础作为保障。只有收入增长了，消费力才会提高。老年人口的收入主要由两方面构成：一是随着经济的迅猛发展，城市家庭中用于老年人口的消费支出会随着经济增长水平的提高而逐渐增长，详见表5-1所示。

表5-1　吉林省GDP和城镇居民人均消费支出

年份	GDP（亿元）	人均消费支出（元）
1992	558.1	1 374.7
1993	718.6	1 596.0
1994	937.7	2 096.4
1995	1 137.2	2 598.0
1996	1 346.8	3 037.3
1997	1 464.3	3 408.0
1998	1 577.1	3 450.0
1999	1 682.1	3 661.7
2000	1 951.5	4 021.0
2001	2 120.4	4 337.2

年份	GDP（亿元）	人均消费支出（元）
2002	2 348.5	4 974.0
2003	2 662.1	5 492.1
2004	3 122.0	6 069.0
2005	3 620.3	6 795.0
2006	4 275.1	7 353.0
2007	5 284.7	8 560.3
2008	6 426.1	9 729.1
2009	.7 278.8	10 914.4
2010	8 667.6	11 679.2
2011	10 568.8	13 011.0
2012	11 939.2	14 856.2
2013	12 981.5	15 932.3

资料来源：中国经济社会发展统计数据库http://tongji.cnki.net/kns55/Dig/DigResult.
aspx? postZones=xj07%3B&postTar=%EF%BC%A7%EF%BC%A4%EF%BC%B0%3B%E
5%9F%8E%E9%95%87%E5%B1%85%E6%B0%91%E4%BA%BA%E5%9D%87%E6%B6
88%E8%B4%B9%E6%80%A7%E6%94%AF%E5%87%BA%3B&postYear=full&areaSelTy
pe=xjSel&postDefTar=

从表5-1可以看出，1992年吉林省GDP为558.1亿元，城镇居民人均
消费为1 374.7元，到2002年，吉林省GDP为2 348.5亿元，城镇居民人均
消费为4 974.0元。2013年底，吉林省GDP突破万亿大关，为12 981.5亿
元，城镇居民人均消费为15 932.3元。这20多年间，吉林省GDP增长近5
倍，城镇居民人均消费支出增长近3倍多，具体增长趋势如图5-1所示。

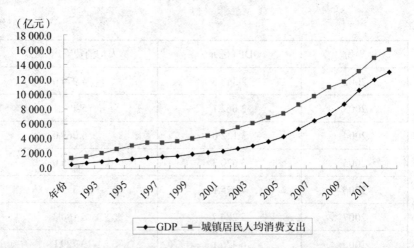

（亿元）

图5-1　吉林省GDP和城镇居民人均消费支出趋势

图片来源：作者依据中国经济社会发展统计数据库自制

　　从图5-1的发展趋势来看，吉林省GDP和城镇居民人均消费支出基本上呈现同步增长的趋势。二是养老金的逐年增长。随着助老惠老政策的逐步完善，老年人的购买力也会逐年提升，从2015年1月1日起，吉林省将调整居民养老保险基础养老金最低标准，企业退休人员基本养老金再提高10%。这就有效保障了老年人口的经济收入，特别是高龄老年人口的经济收入。

　　此外，随着经济社会的发展，老年人口的消费观念也会出现变动，特别是购买欲望的逐步增强，老年人口的旅游消费倾向无疑会越来越明显。由于每个年龄段的成长背景不同，其成长环境会反映到认知层面，使得每个年龄段的消费观念会逐渐趋同。特别是在当前的新生代老年人口逐渐增长的背景下，这部分老年人口的消费观念比其上一代老年人更为先进，对物质和精神的要求标准及家庭旅游消费这种精神层面的要求也越来越高。因此，随着新生代老年人口比重的不断上升，势必会促进城市家庭旅游消费的发展。

1.2　提高社会保障水平

吉林省人口老龄化发展速度持续加快，对社会养老保障方面也提出了新的要求。对吉林省经济发展不是先进的地区来说，养老保障金是老龄人口的最主要收入，所以在适当提高养老标准的前提下，完善养老金制度，健全社会保障体系，才能逐步提高老年人口的待遇，进而才能带动城市家庭旅游消费的增长。

1.2.1　适当提高养老标准

老年人口收入水平的高低，直接决定着老年人口消费能力的大小，这不仅直接关系着城市家庭旅游消费水平，还在更深层次上体现着社会的公平和正义。对老龄人口而言，养老金是其最主要的收入来源。因此，可以适当提高养老金的标准，借此带动老年人口的消费能力。在确定城市居民养老标准时应该重点看经济发展与养老金、成本与收益之间的内在逻辑关系。上文中提到，随着吉林省经济增长速度的加快，1992年到2013年吉林省GDP增长近5倍之多，但与此相较而言，养老金仅增长2倍多[①]，这意味着经济社会发展与老年人口的养老金增长速度不同步，养老金增长速度严重滞后于经济增长速度。从这点来说，养老金增长乏力不仅损害了老年人口的福利水平，还在一定程度上降低了老年人的消费欲望。因此，可以适当提高养老金标准，以促进老年人口收入增长，进而带动老年人口旅游消费的发展。

---

①2014年底，经过十年连调，企业退休人员基本养老金水平明显提高，由2004年的月均647元提高到目前的2000多元，增长了2倍多。吉林省将调整居民养老保险基础养老金最低标准.新文化网，[DB/OL].（2015-1-15）http://news.xwh.cn/2015/0115/298197.shtml.

1.2.2　完善养老金制度

2004年开始，中央以吉林省和黑龙江省作为完善社会养老保险制度的试点。虽然在扩大养老金覆盖、调整认缴统筹比例、降低支付缺口等方面取得了较大成就，但是这一制度仍有完善和提升的空间。就养老保险制度的实质来说，任何一种养老金制度都是一种代际保障，就是正在工作的这代人承担上一代已经退休的养老金费用。

一要调整养老模式，促进养老保险收支平衡，这一点可以借鉴完全累积的养老保险制度[①]。在这种制度下，使得养老金能够逐渐积累，积累的部分能够保证养老金的缴纳者在退休后能及时得到保障，采取的是认缴多少发放多少的办法。在完全累积的办法下，人们缴费的积极性被大大提高，可以避免现有模式下产生的代际矛盾，但是完全累积的办法容易导致短时期内养老金出现较大幅度的缺口。因此，可以采取现收现付与累积制度的办法，这样既可以规避养老金匮乏的风险，又能实现养老金的增值。

二要划拨部分国有资产，偿还历史欠账。目前全世界范围内都缺乏足够的养老金，这就需要政府来承担这一过程中的大量缺口。如何弥补养老金的空账，就成为摆在吉林省面前的一个重要问题。在2001年国家短暂地执行了这种办法，但2002年这种办法就不再被采用，虽然在十六届三中全会中重申该政策，但是并没有得到实质性运转。因此，必须适时制定划拨国有资产充实养老保障基金的相关政策，以有效缓解养老金不足的问题。

---

① 沈诗杰.我国城市养老保险现状及比较研究[D].吉林大学，2012.

1.2.3　健全养老保障体系

随着家庭成员从外部获得资源能力的增加，传统的家庭也从生产单位逐渐演变成消费单位，从经济政治共同体变成心理文化共同体，家庭对老龄人口的赡养功能逐渐外化并随之减弱。特别需要考虑到吉林省未来老龄化人口急速增长的现实，人口老龄化势必会改变城市家庭的形态和功能。受到传统家庭核心化和子女化的影响，空巢家庭或者独居老龄人口家庭会大量出现，因此，回归家庭养老模式并不太现实，从客观上来讲，使得健康的老年人外出旅游的机会逐渐增多。因此，必须在政府、社会、市场和家庭之间寻找到一条权责明确的中间路线，来妥善解决老龄人口的养老问题。养老作为基本的民生问题，国家必须要加大经济和社会资源的投入力度，发挥国家在养老体系中的主导作用。十八届三中全会指出："加强社会保险基金投资管理和监督，推进市场化、多元化投资运营。制定实施免税、延期征税等优惠政策，加快发展企业年金、职业年金、商业保险，构建多层次社会保障体系"①。为此，一要国家出台相应的优惠政策，要复制和培养能够承担养老职责的社会组织，积极鼓励和支持社会力量参与到养老体系的构建中；二要及时制定市场准入和市场竞争规则，鼓励和支持市场力量投入养老行业。三要发挥传统的家庭养老文化，为家庭养老提供相应的资源和优惠，恢复家庭养老功能。总体来说，解决养老问题的关键是建立和健全多层次的社会养老保障体系，公平分配和有效利用经济与社会资源，准确界定国家、社会、市场和家庭在老龄社会中的角色、功能和边界，凝合政府、社会、市场和家庭的多方力量②。只有彻底解决老龄人口这一后顾之忧，

①中共中央关于全面深化改革若干重大问题的决定[M].北京：人民出版社，2013：58.
②李培林.中国社会巨变和治理[M].北京：中国社会科学出版社，2014：54.

老龄人口才有外出旅游消费的可能。

1.3　促进老年产业全面发展

老年人口的旅游消费是朝阳产业，也是一种新兴产业，老年旅游对其他产业的发展具有较强的引领和带动作用。如何让老年人口有持续的消费能力和消费的承载力，需要吉林省政府适时调整人口政策，积极发展"银发产业"和调整老年产业结构。

1.3.1　适时调整人口政策

人口政策是指一个国家或地区的政府用于调节人口发展所指定的法律等政策，分为鼓励人口增殖政策和限制人口增殖政策两种。鼓励人口增殖政策是指国家运用经济、法律等手段，干预适龄青年的生育行为，以达到促进人口增长的目的，而限制人口增殖政策与其相反，是国家利用上述手段限制人口生育，以达到控制人口迅速增长的目的。从广义上来讲，人口政策涉及的是国家和地区的经济、社会和人口协调发展，用于解决人口发展过程中出现的各种问题。而狭义的人口政策主要指人口再生产过程中所采取的优生优育等方面的政策措施。

在人口政策方面，吉林省也遵循国家的政策，采用的也是狭义的现行人口政策，大致可以分为三个阶段，详见表5-2。

表5-2　新中国人口政策的历史演变

阶段	时期
鼓励生育阶段	1949—1953年的鼓励生育阶段
生育政策酝酿及反复阶段	1954—1957年政策酝酿改变阶段
	1958—1959年控制人口政策的反复阶段

续表

阶段	时期
限制生育政策阶段	1960—1966年限制人口生育政策
	1966—1969年丧失人口政策实施环境
	1970—1980年秋全面推行"晚—稀—少"政策
	1980年秋—1984年春推行一个孩子政策
	1984年春—1999年划地区制定生育分类政策，全国和地方计划生育条例逐渐开始颁布
	2000—2006年稳定低生育人口政策
	2006—2012年统筹考虑解决人口政策
	2012年11月至今计划调整人口政策

资料来源：人口研究编辑部.中国人口政策的过去、现在与未来[J].人口研究,2007(7)：23.转引自：孙锴.我国的人口政策的演变、问题与对策研究[D].济南：山东大学,2013：18.

从1953年开始，我国开始了第一次人口普查，不久之后，我国就启动了计划生育政策，20世纪50年代末，国家又废除了该政策。"毛泽东认为，尽管中国资源有限，但人口众多是一个优势，人力和人的创造力再加上人民的艰苦奋斗，可以创造出更美好的社会。然而，紧随'大跃进'而来的灾难使许多领导人相信，应该对计划生育政策加以考虑"[1]。1970年开始，我国政策开始推行"晚—稀—少"的政策，采用"晚婚、晚育、少生"的政策，调整人口增长过快的现实，人口生育比"从1970年的5.8下降到1978年的2.7"[2]。从1980年开始，国家正式实施"独生子女"政策，1984年开始，国家政策略有松动，在这个背景下，全国和地方计划生育条例逐渐开始颁布，可以根据男女家庭情况的

[1]巴里·诺顿.中国经济：转型与增长[M].上海：上海人民出版社,2010：146.
[2]巴里·诺顿.中国经济：转型与增长[M].上海：上海人民出版社,2010：146.

不同有差别地生育二胎。

在1999年之前，吉林省依照国家大政方针推行人口政策，1993年吉林省人大常委会通过《吉林省计划生育条例》，在该条例中，吉林省明确要控制人口总量，把其列入国民经济和社会发展规划，并把控制人口总量作为干部绩效考核的重要依据，除特殊情况外，吉林省基本确定了"一家一个孩子"的政策。从政策后果来看，一是降低了吉林省人口出生率。2000年时，吉林省人口出生率为9.53，2012年时吉林省人口出生率为5.73，客观上导致新生人口比率逐渐降低。从长远来看，造成了吉林省缺乏相应的劳动力资源，进而使吉林省经济发展面临巨大考验。长期生育水平的不高会形成一定的文化习惯，如果想要提高人口的生育率，其成本和代价更大，由于出生率下降导致老年人口的持续增多，还加重了整个社会的人口抚养比重。二是独生子女家庭面临巨大压力。在独生子女的上一代，每个家庭的子女较多，赡养老人和照顾子女的压力不大，这也就形成了"人口红利"。但是在计划生育政策的作用下，大量独生子女家庭的出现，由此导致经济发展所依赖的"人口红利"逐渐消失，并逐步向"人口负债"方向发展。从另一方面来看，独生子女家庭面临的风险非常大。如果非常不幸的事情发生在独生子女身上，那么一个完整的家庭马上就会变成困难或者残缺家庭。在实行计划生育第一代的独生子女马上就要步入中年，"上有老下有小"的情况正在他们身上发生着，这就使得社会出现了很多空巢家庭，老年人口的养老问题又接踵而至。从上述两点来看，如果不及时调整人口政策，将会严重影响未来人口的数量和质量，进而对经济社会发展造成不可估量的损失。那么如何调整人口政策呢？一要逐步放开计划生育政策。虽然吉林省目前的生育率不高，但是也不能完全放开二胎政策，以免出现反弹导致人口失控的局面，可以探索实行逐步放开二胎的政策，一方面可以缓解老龄人口的急剧增长带来的劳动生产率下降,为经济社会发展提供充足的劳动力来源;另一方面可以真正发挥计划生育政策的激励作用,推进计划生育政策的有序开展。二要降低独生子女家庭风险。现有人口政策已经实行了30多年,第一代独生子女家庭已经有了下一代,形成了"4-2-1"的家庭结构,这种家庭结构下,老年人口的养老问题,孩子的教育问题都压在夫妻两人的肩膀上,使其负担过重。在原有人口政策执行之初,国家对老年人的养老问题做出过承诺,但是在现实情况中执行得并不好,对独生子女家庭的现实照顾和关爱方面做得不够。在二胎政策没有完全放开之前,政府应该加大对独生子女家庭的扶持,特别是对失独家庭要加大扶持力度,以降低这些家庭再次面临风险的系数。

1.3.2 积极发展"银发产业"

所谓的"银发产业"主要是以老年人为目标客户群的产业。从狭义上来讲,主要指针对老年人的服务业;从广义上来说,它包括老年人的衣食住行等方面,凡是涉及老年人的经济活动都可以纳入"银发产业"的范畴。由于银发产业的特殊性决定了其产业性质的特殊性,使得该产业既不同于传统的社会福利事业,又不同于以完全盈利为目的的商业化运作模式的行业。当前对"银发产业"的争论很多,学术界对其性质也没有形成一致的看法。就现有文献,归纳起来,大概有如下三种观点:一是认为"银发产业"应该完全以市场为主,采取市场化的运作范式,以盈利为主要目的;二是"银发产业"和社会福利事业比较接近,应该以社会福利为重,以实现老年人享受社会福利的均等化。由于老年人在社会中处于相对弱势地位,这就决定了"银发产业"不能完全依靠市场来解决。因为有的城市老年人收入水平不高,完全采用市场化会使得这部分老年群体的生活更加困难,"相对剥夺感"会更强烈,所以要注重"银发产业"的公共性和福利性；三是应该把市场化和社会福利结合起来，最大限度地促进两者并行。从经济学角度来看，社会福利事业属于纯公共产品，而老年人的部分消费属于纯私人物品，从这点来看，"银发产业"就属于"准公共产品"，在"银发产业"中，属于社会福利、社会保障方面的应该由政府来提供，属于个人消费的相关产业应该由政府出资，对其给予部分补贴，以降低其价格，让老年人真正能够消费得起。

从吉林省的发展现实来看，老龄化速度比全国水平还要高，呈现"未富先老"的特征，不仅老年旅游产业不发达，而且与之相关的产业发展也很缓慢。但是站在经济发展的角度来看，吉林省发展"银发产业"还存在着一定的优势和机遇。吉林省老年人数量庞大。全国第六次人口普查数据显示，吉林省65岁以上的老年人口达到230万人，2012年年底吉林省60岁以上的老年人口为405.4万人，虽然和全国的人口大省相比，老年人口数量不是很多，但是吉林省老年人口占总人口的比重还是比较高的。庞大的老年群体既成为发展"银发产业"的动力，又成为该产业的消费者，随着老年群体的不断壮大，必将推动吉林省经济的发展。在振兴东北老工业基地的过程中，吉林省占有重要的一席之地，吉林省拥有全国最大的汽车企业集团、中国中车集团、中国石油化工集团、修正药业、光电信息等优势产业，有着良好的工业基础。在科技教育方面，吉林省拥有吉林大学、东北师范大学等全国知名高校，每万人中拥有科学家、工程师和在校大学生的数量均位于全国前列。在生态环境方面，吉林省拥有国家自然保护区36个，全省森林覆盖率达到43.4%，是国家生态建设的试点省份。因此，良好的工业基础和科研技术力量也成为吉林省经济持续发展的重要动力。虽然吉林省进入全面老龄化阶段比较早，但是吉林省"银发产业"的发展却很缓慢，仅有的相关产业也集中在医药、医疗器械行业。这主要是由于吉林省缺乏必要的创新思维，在老年产业产品的设计上，没有站在老年人的需求角度来考虑，发展"银发产业"对吉林省是一个良好的机遇。不仅可以促进吉林省"银发产业"的发展，还可以发挥吉林省科技力量浓厚的优势，还能够为以后在国内市场赢得一席之地。

从城市家庭旅游消费的视角来看，吉林省旅游资源特别是夏天的旅游资源非常适合老年人口以休闲为主的旅游习惯，但是吉林省的银发旅游市场非常不规范，没有从老年人的身体心理特点出发来打造旅游产品，安排购物环节过多。由于老年人在外出旅游的过程中，很有可能出现身体不适的状况，而很多旅行社的路线选择并没有考虑老年人口的身体状况。因此，吉林省政府要制定出台老年旅游市场的行业规范，严格按照老年人口的特点制定行业准入制度，提高老年人外出旅游的服务水平，从政策上促进旅游业发展。同时还要科学设计旅游路线，最大限度地综合利用旅游资源，这样不仅可以促进旅游产业自身的发展，还能带动消费、餐饮、住宿、交通产业的发展。同时还要鼓励退休的医生参与到老年旅游过程中来，充分发挥其专业优势，避免老年人在旅游过程中出现意外情况。

在"银发产业"发展模式上，主要有政府主导和政府与企业合作两种模式。上文讲到，"银发产业"在中国属于典型的"准公共产品"，因此需要政府的政策和资金支持，由于其带有一定的公共性质，所以决定了"银发产业"仅是微利行业，很多企业并不愿意从事该产业，因此，需要政府出台相关法律法规来规范市场经济，对银发产业的发展给予一定的优惠政策。同时政府还要对"银发产业"制定行业准入标准，引导有实力的大企业从事该产业，形成龙头企业带动，小微企业参与的格局。从企业的角度来看，要以市场需求为导向，政府需要对企业创新给予一定的资金技术支持，对该产业里面的微利领域或者纯社会福利的领域给予一定的政策倾斜，以增加其核心竞争力，推动"银发产业"健康快速发展。

1.4　治理出生人口性别比失衡

出生人口性别比失衡①一直是吉林省发展遇到的突出的人口自然结构问题。出生人口性别比决定了未来社会中的男女比例，直接影响到人口出生率和人口老龄化。可以说，出生人口性别比是人口性别均衡发展的首要条件，更是人口与经济社会协调发展的基础和保障。这不仅关系着吉林省城市家庭旅游消费这一"小产业"的均衡发展，出生人口性别比失衡还会影响到劳动力资源的提供，进而影响到吉林省整体经济的发展。鉴于此，要对出生人口性别比失衡的状况进行治理，实现两性均衡发展，为吉林省经济社会发展提供人口支撑。为此，要转变生育观念，强化政府监管和社会的协同配合，形成多层次、全方位的治理体系。

1.4.1　转变生育观念

在治理出生人口性别比失衡的问题上，吉林省也开展了关爱女孩行动等治理出生人口性别比失衡的工作，但是效果并不理想，从生育观念上来讲，主要是偏爱男孩文化的影响。从宪法上来讲，男女享有平等的权利，但是在重男轻女的传统文化的影响下，造成了男女在事实上的

①2010年，除了新疆和上海外，其余各省市区的第一孩出生性别比均高于107，其中，广东省的第一孩出生性别比最高，达到122.30。湖南、甘肃、河南、海南、吉林、黑龙江、湖北的第一孩出生性别比也都超过115。详见：石人炳.我国出生性别比变动新特点——基于"五普"和"六普"的数据比较[J].人口研究，2013（2）：68.

不平等。治理出生人口性别比失衡的情况首先就需要逐渐改变传统的偏爱男孩的生育观念。为此，一要加大宣传力度。要以宣传教育为先导，逐步转变适龄人口的生育观念。以吉林省榆树市为例，2014年4月吉林省榆树市制定了《"关爱女孩行动"实施方案》，榆树市在宣传方面，利用文艺汇演、演讲等群众喜闻乐见的形式，大力宣讲《人口与计划生育法》《母婴保健法》《吉林省人口与计划生育条例》《关于禁止非医学需要的胎儿性别鉴定和选择性别的人工终止妊娠的规定》等法律法规，并制作了3万份宣传手册，利用举行重大活动和开展生殖健康服务的机会，免费为群众发放①，引导群众树立性别平等的观念。二要强化生育伦理建设。要改变出生人口性别比失衡的状况，生育伦理建设必不可少。马克思指出："社会文明是建立在人口的一定限度基础之上的"，只有把人口保持在适度范围内才能促进经济社会和文明同步发展。虽然生育作为人口生产的一种方式，但是这种方式和伦理的发展是密切相关的，因为在生育中存在着重要的责任伦理问题。婴儿从出生到长大，男性和女性拥有相同的权利，要坚决杜绝用现代科技提前鉴别婴儿性别行为的发生，这既是对孩子负责、对家庭负责更是对社会负责的重要体现。

1.4.2　政府强化监管

在治理出生人口性别比的过程中，吉林省政府有着不可推卸的责任，最重要的就是需要地方政府完善规章制度，强化监管。从法律制度上来讲，在坚持现有人口政策的前提下，要严格执行《人口与计划生育

①榆树市人口计生局.榆树市人口计生局六措并举开展"关爱女孩行动"，吉林省卫生和计划生育委员会［DB/OL］.（2014-4-3）http://wsjsw.jl.gov.cn/wx_43533/tpxw/201404/t20140402_1641453.html.

法》《母婴保健法》《吉林省人口与计划生育条例》和《关于禁止非医学需要的胎儿性别鉴定和选择性别的人工终止妊娠的规定》，对违反上述法律的行为加大惩处力度，及时追究其刑事责任，以实际行动维护法律的尊严。一要强化对非法性别鉴定技术的监管，加大对"两非"的打击力度。要把禁止胎儿性别非法鉴定纳入国家治理范畴，并把其作为人口计生部门的重要考核内容，对监管不力的部门实行一票否决制。要禁止非医学上的需要而选择胎儿性别行为的发生，对从事该行业的技术人员，要强化其法制观念和伦理观念教育，对违反相关规定的要加大惩处力度。同时加强对广告市场的管理。对涉及性别选择的广告、出版物进行整治。二要建立并完善人口信息登记体系。可以尝试以社区为单位，用医学出生信息为手段，以民政部门婚姻登记制度为准建立新的人口登记制度，并联合公安机关规范出生人口落户登记制度，防止各地瞒报漏报出生人口信息，通过建立完善的人口信息登记体系，从源头上遏制出生婴儿性别不平等情况的发生。

1.4.3　社会协同治理

人口的问题从本质上来讲是社会问题。长期的出生人口性别比失衡会导致吉林省人口性别失衡，形成婚姻挤压、女性婚姻资源严重短缺和男性婚配困难的现象，进而诱发社会不稳定。从大方向上来看，治理出生人口性别比失衡问题，也是治理经济社会发展问题。经济发展离不开人力资源的支持，而稳定平衡的人口自然结构是推动经济社会发展中劳动力的重要源泉。一要树立全局观念，把治理出生人口性别比问题纳入社会主义和谐社会的建设过程中，把治理工作与经济社会发展统筹结合起来，尤其在法治建设中，从社会性别平等的视角出发，强化社会力量的参与和监督功能，为实现人口均衡发展创造良好的社会环境。二要强化社会团体的广泛监督。出生人口性别比失衡及其治理不是政府能够完全解决的问题，需要广泛的社会参与，特别是妇联、工会等社会团体要积极参与治理过程，发挥其有效监督的作用，形成政府、社会、社会组织和人民群众协同治理的多元化、立体化治理体系，提高出生人口性别比失衡的治理能力和治理水平。三要强化群众的监督。出生人口性别比失衡事关群众的切身利益，这项工作能不能赢得群众满意，能不能从根本上得到治理需要群众的配合与监督。为此，要广泛发动群众，充分发挥群众的监督作用，提高群众参与的治理水平。

2　城市家庭旅游消费的供给分析

从客观上来看，影响城市家庭旅游消费的另外一个重要因素就是旅游市场的供给问题。从人口自然结构变动的角度来看，吉林省在挖掘适合老年旅游资源方面仍有提升的空间，按照男女性比不同来设计旅游产品方面做得也不够好，为此，就需要丰富吉林省城市家庭旅游消费资源，开发女性旅游市场，提高旅游市场的治理水平，以促进老年旅游市场和女性旅游市场的发展。

2.1　开发旅游资源

吉林省作为中华人民共和国成立后的重点发展的老工业基地之一，为我国的经济社会发展做出了卓越的贡献。但是随着经济发展的转型，吉林省经济社会的发展逐渐落后于东南沿海地区，在振兴东北老工业基地的过程中，吉林省又迎来了新的发展机遇，如何抓住机遇促进吉林省经济社会再腾飞则是一个值得思考的问题。振兴东北老工业基地，绝非仅仅发展第一产业和第二产业，而是如何实现三大产业协调发展。作为第三产业重要支柱的旅游业，在促进经济转型过程中，吉林省如何实现旅游产业与经济社会协调发展至关重要。

表5-3　吉林省旅游产业发展简况

年份	国内旅游人数 （万人次）	国内旅游收入 （万元）	国际旅游外汇收入 （万美元）
2000	1 809	519 400	5 804
2001	2 225	773 900	7 579
2002	2 455	1 081 700	8 700
2003	2 352	1 362 200	6 638
2004	2 588	1 759 200	9 600
2005	2 900	2 193 400	11 952
2006	3 193	2 640 000	14 424
2007	3 704	3 365 100	18 000
2008	4 497	4 361 000	21 144
2009	5 433	5 641 000	24 294
2010	6 408	7 124 000	30 492
2011	7 542	9 043 000	38 528
2012	8 854	11 468 900	49 477

资料来源：中国经济与社会发展统计数据库

　　从表5-3中可以看出，吉林省旅游产业发展势头良好，截至2012年底，国内旅游人数达到8854万人次，国内旅游收入达到1146.89亿，占吉林省GDP的十分一还要多。从国内旅游人数来看，2012年比2011年增长17.4%，国内旅游收入比2011年增长26.8%，国际旅游外汇收入比

2011年增长28.2%。

虽然吉林省旅游产业得到了长足的发展，旅游产业对吉林省经济社会的发展起到了拉动作用，但是从旅游资源角度来看，吉林省内的一些旅游资源并没有发挥其应有的效益，没有在适合老年人口旅游开发等方面下足功夫，使得吉林省与兄弟省份相比，旅游产业发展相对缓慢，结合吉林省旅游资源现状，要精心打造长白山生态旅游和长吉创意旅游，发展适合老年人口的红色旅游和符合女性特点的特色旅游，要把旅游产业作为吉林省经济社会发展的支柱产业来培育。

一要精心打造长白山旅游和长吉创意旅游。长白山旅游景区及长春和吉林市作为吉林省旅游资源集中地区，在吉林省旅游产业发展中占有举足轻重的地位，两地所有景区接待人数占旅游人口总数的90%左右。为此要结合长白山景区、长春市和吉林市不同的旅游特点，可以设计生物考察、露营野餐、休闲旅游等适合老年人口特点的经典旅游路线和产品。同时还要做好长春和吉林市的主题公园设计、体育旅游设计和雾凇旅游设计等工作，把符合现代科技特点的长影世纪城打造成创意旅游线路，使其更加符合现代旅游的特点。

二要打造民族特色旅游。长春市九台区作为萨满文化保存比较完整的地区，要充分发挥其"萨满文化之乡"的优势，开展萨满文化风情园、萨满文化艺术节、萨满祭祀等为主题的活动，提高旅游产品的品位和参与度。延边朝鲜族自治州作为吉林省和全国最大的朝鲜族聚集地，在朝鲜族的民俗方面具有很强的吸引力，可以借助"朝鲜族民俗饮食暨旅游商品展""创新型旅游教育文化论坛""中国延吉旅游交易会暨延吉网上旅游交易会""国际高尔夫球精英赛延吉站比赛"等形式吸引游客，形成富有特色的民族风情旅游线路。

三要积极打造温泉旅游品牌。吉林省温泉旅游资源众多，拥有长白山天池温泉群、长春市城区地热田、抚松县仙人桥镇温泉群和临江市花山镇温泉群，但是总体开发情况并不理想。为此要转变政府在温泉旅游中扮演的角色，积极主动地服务和协调温泉旅游全过程，引导从事温泉旅游的企业建立现代企业制度。要成立温泉旅游协会，出台吉林省温泉旅游行业规范，加大对温泉旅游的治理，使其走向标准化与科学化。同时还要创新营销策略，积极打开不同旅游群体的市场。在老年人口旅游方面，要重点展现出温泉对老年人口身体的保健功能；在女性游客方面，要开展温泉的美容美体营销；对家庭旅游群体，要考虑家庭团圆的特点，打造温馨的家庭环境。

四要积极打造城市旅游景观。无论是在城市旅游还是到景区旅游，人们的旅游活动都是以城市为依托，旅游人口的客流集散地集中在长春市、吉林市、延吉市，这些城市的旅游景观如何，直接影响着吉林省旅游形象。为此要从城市的整体布局出发，积极打造上述重点城市的旅游文化内涵，以带动吉林省旅游业整体发展。

2.2　鼓励女性消费

吉林省出生人口性别比偏高决定了人口自然结构中女性偏多，且在对长春市和吉林市所做的问卷调查中，女性所占的比例高于男性，也印证了这一点。通过上文的分析，在城市家庭外出旅游的过程中，女性游客在信息搜集、旅游决策、购物行为等方面存在明显的差异。为此要抓住性别在旅游消费中的不同特点，结合城市家庭的特点，可以根据女性在不同年龄段的特点，开发女性旅游市场。

城市未婚女性大多处于18周岁到30周岁这个年龄段，在这个年龄段的女性刚出校门或者刚刚走向工作岗位，这部分女性大多保持了学校中形成的习惯，比如追求时尚、对游戏类、新鲜类、刺激类的旅游产品非常感兴趣。但这个阶段的女性通常收入不是很高，生活需要的支出种类比较多。针对此种情况，可以设计一些花费较少的产品和路线，比如在城市郊区可以多建设一些游乐园、探险之类的游玩项目。这个阶段的单身女性基本都处于恋爱阶段，还可以多设计一些适合情侣旅游和游玩的产品和项目，在这些产品和项目中，要多融入浪漫元素，充分体现出娱乐性、互动性、参与性和趣味性。

处于30周岁到55周岁这个年龄段的女性具有多重身份，既是女儿又是母亲和妻子，在家庭外出旅游的过程中，消费潜力比较大。针对这部分女性要适当地加大营销策略，主打亲情牌，适时推出亲子游、母子游等温情产品和路线，还可以在旅游活动中穿插让孩子参与的互动环节，比如说参加文艺表演、参观科技馆、历史馆和博物馆，让孩子在旅游的过程中也能够学到知识，这样才能获得这部分女性的青睐。此外，这部分女性平时家庭工作压力比较大，可以结合上文提到的温泉旅游，推出缓解压力，休闲放松的旅游产品。

在女性老年人口旅游的过程中，要充分考虑老年人的身心特点，这个年龄段的老年人精力和体力不如年轻人，可以适当推出轻松、休闲和怀旧的旅游项目。

2.3　治理旅游市场

在逐步改善旅游景区硬件的基础上，要逐步规范旅游市场，促进"软件"和"硬件"同步发展。吉林省旅游市场起步相对较晚，市场秩序需要进一步规范和治理。2013年10月国家出台了新的《旅游法》，这为吉林省旅游市场的治理提供了法律依据。新的法律对政府及其部门在旅游规划、旅游经营、旅游安全及监督管理等方面提出了新的要求，初步形成了新的行政治理体系。在借鉴国家颁布的《旅游法》的基础上，吉林省于2013年12月出台了《吉林省旅游条例》[①]，从旅游发展与促进、旅游规划与旅游资源开发、旅游经营者与旅游者、边境旅游和旅游安全与监督等七个方面对规范吉林省旅游行业的治理提出了意见，对促进吉林省旅游产业平稳健康发展有着重要意义。但在治理主体、治理客体、治理手段等方面，吉林省对旅游市场的规范仍有较大的提升空间。

2.3.1 治理主体多元化

从治理主体来看，要充分发挥政府的主导作用，构建政府主导、社会组织监督及人民群众参与的多元化格局。从政府层面来看，一要提高治理能力。吉林省政府要统筹制定相关规划，完善法律法规，形成良好的法制环境。对扰乱旅游市场秩序的行为要严惩不贷，对不具备从事旅游行业资质的旅行社加大处罚力度，推动旅游市场有序发展。二是政府要加大对基础设施的建设力度。在衡量旅游环境的指标中，旅游廊道畅通程度和舒适程度是一个非常重要的指标。旅游景区的基础设施对游客具有重要的吸引作用，树立"围绕旅游产业建设基础设施，依靠基础设施建设开发旅游产品"，重视加快吉林省旅游景区和旅游人口集散地的基础设施建设，重点解决交通、通信、居住环境等方面的硬件设施建设。比如在长白山国际机场建成之前，交通就成为制约长白山景区发展的重要影响因素。随着长春龙嘉国际机场的增建，高速铁路的逐渐开通，吉林省旅游产业才得到较大程度的发展。但是在景区内部和景区之间的交通建设方面，还没有彻底实现互联互通。为此要加快实现航空、

---

①吉林省旅游局.吉林省旅游条例,吉林旅游政务网[DB/OL].(2013-12-5)http://www.jlta.gov.cn/dffg/6794.jhtml.

铁路、公路和水运四位一体的立体式交通运输网络，特别要重点改善旅游景区内的交通设施建设，降低游客等待的"时间成本"。从社会层面来看，一要强化旅游行业组织的监督功能。在政府公开旅游信息之后，旅游行业组织要积极介入，监督政府行为。从旅游企业及旅游景区来看，要及时公布导游人员信息、旅游路线安排等重要环节，并把这些安排及时报送给旅游行业组织，对违反既定方案者，反馈给旅游管理部门。二要提高游客的参与意识。游客是旅游产品和服务的购买者，游客对旅游产品和服务最有发言权。一方面要引导游客在满足其旅游休闲娱乐的同时加强对旅游景区自然景观和人文景观的保护，促进旅游消费及旅游产业持续健康发展。另一方面要及时对游客进行问卷调查，对旅游景区的服务质量、产品和服务的满意度等做出客观公正的回答，为促进旅游景区的产品和服务提质增效。

2.3.2　治理客体层次化

从治理客体层次上来讲，一要优化旅游景区环境。随着吉林省旅游产业的迅猛发展，省内旅游景区的数量和种类也在日益增多，在提供旅游产品和服务方面出现了众多雷同现象。比如几乎所有景区都销售相同的东北特产，而且还存在价格竞争的现象。为此，打造公平公正的旅游市场环境就显得颇为重要。吉林省要出台相关法律法规，建立统一开放的旅游市场，增强旅游企业的良性竞争意识，使得同质类景区在市场环境下实现优胜劣汰，增强市场的竞争力。二要增强对旅行社的治理。一方面要对旅行社的服务严格监督，特别是在信息不对称的情况下，严格管理旅行社的销售工作，对夸大、虚报、瞒报旅游产品和服务价格的行为要严厉打击。另一方面要加强对旅行社的回访力度。这一点可以交由社会组织来完成。旅游结束后，社会组织可以通过电访或访谈的形式，就旅游活动、旅游产品和服务进行调查，对评价较低的旅行社及时曝光，这样就可以督促旅行社重视服务质量，为吉林省旅游产业的发展提供质量保证。

2.3.3 治理手段法治化

从治理手段上讲，一要构建完备的旅游产业法律体系。法律体系是提高旅游市场治理能力的重要手段，要把旅游前期的宣传策略、中期的产品和服务、后期的"售后"和跟踪服务纳入法律体系，对旅游景区资源给予法律上的确认，使旅游活动和旅游资源都处于法律的监管之下，做到有法可依。二要对旅游景区管理机构的责任和义务做出法律上的说明，制定旅游景区管理条例，完善景区内部的经营管理条例，严格界定景区管理人员的权利和责任，对旅游企业就上述内容的实施情况严格监督，确保从源头到过程都纳入法治化管理轨道。三要建立突发事件应对机制。应对突发事件主要包括两方面，一方面是资源，另一方面是制度。由于旅游过程中存在一定的不确定性，比如天气因素，这就需要政府以法律强制的方式让旅游企业时刻做好应对工作。从资源上来讲，旅游景区要常备储备资源，当突发事件发生时，能够有备用资源可以调动。从制度上来讲，要形成多部门合作，在突发事件发生时，能够确保应对及时、反应迅速和行之有效，形成解决突发问题的合力。

结　论

"人口结构是指人口系统内部各要素相互联系、相互作用的方式。它从一定的规定性来看人口内部关系，即按照人口的不同标识，研究一定地区、一定时点的人口内部结构及其比例关系"[①]。因此，人口结构分为自然结构、地域结构和社会结构。本书从人口自然结构角度出发，采取理论分析和实证调研的方法，探讨了吉林省人口自然结构变动对城市家庭旅游消费的影响。从人口老龄化与人口性别比两方面，着重分析了吉林省人口自然结构变动及其特点，以及对吉林省城市家庭旅游消费的影响进行了分析。基于此，本书认为：

1. 随着经济社会发展水平的提升和医疗卫生条件的进步，使得老年人口预期寿命逐渐延长。就吉林省而言，自2005年进入全面老龄化发展阶段以来，吉林省60岁以上老年群体呈现逐年增长态势。庞大的老年群体不仅增加了其旅游消费支出，还带动了老年旅游产业的发展。由于老年旅游这一特殊群体在身体和心理等方面不同于年轻人，吉林省旅游

[①]向洪,等.人口科学大辞典 [Z].成都: 成都科技大学出版社, 1994: 51.

市场要充分考虑这一特点，为"夕阳红"老年旅游的发展奠定基础。

2. 作为人口的最基本自然属性——性别，男性与女性在出游动机、信息搜集、购物过程和出游偏好等方面存在明显差异，从旅游目的地政府角度来讲，要打造良好的形象，打造女性旅游者心目中强烈的、积极的、易被认知并接受的形象，影响女性旅游者做出决策，来到旅游地；要设立女性专用旅游服务窗口，提供个性化的旅游服务；要利用旅游中的购物环节平衡旅游市场的淡季与旺季，调节旅游市场均衡发展。从旅游目的地企业来看，要采取温情销售策略和适时推出浪漫旅游路线。

3. 从大的方面来讲，人口老龄化与人口性别比对吉林省旅游产业乃至经济发展有着至关重要的影响。从影响城市家庭旅游消费的人口学视角出发，在城市家庭旅游消费需求方面，就要挖掘老年人口红利、促进老年人口再就业和促进老年产业的全面发展，让老年人口能够消费得起。此外，还要转变生育观念、强化政府监管和社会协同治理的办法，治理出生人口性别比失衡的状况，因为，出生人口性别比决定了未来社会中的男女比例，直接影响到人口出生率和人口老龄化。在城市家庭旅游消费供给方面，要开发吉林省旅游资源、鼓励女性消费和治理旅游市场，让不同层次和性别的旅游人口能够有地方消费，进而带动吉林省旅游产业乃至经济结构的调整和转型。

但是由于本人学识和能力有限，文中仍然存在不足之处，这将为后续研究提供了相应的素材。

1. 由于人口结构存在着自然结构、地域结构和社会结构，况且这三种结构不是分裂和对立的，而是在相互影响中共同发展的。而本书只从人口的自然结构变动分析了对吉林省城市家庭旅游消费的影响，忽略了人口的社会结构和地域结构对城市家庭旅游消费的作用。

2. 城市家庭旅游消费结构和消费内容不仅受到人口自然结构变动的影响，还受到旅游目的地的交通、产品、服务和文化的影响，可以说城市家庭旅游消费是一个综合范畴。而本书从主观方面进行分析较多，而对旅游目的地的客观影响因素分析相对较少。

3. 虽然笔者对吉林省长春市和吉林市这两个最有代表性的城市做了问卷调查，但是在样本的选取和数据的处理上，在吉林省城市家庭旅游消费数据的搜集上迫于时间的限制没有进行更深层次的数据挖掘，加之部分统计数据的缺失，客观上增加了本书写作的难度，随着时间的推移和数据的逐步累积，今后仍可以对该问题进行更为全面和深入的分析与讨论。

参考文献

A普通图书

[1] 孟红英.吉林统计年鉴2013 [M].北京: 中国统计出版社, 2013.

[2] 李培林.中国社会巨变和治理 [M].北京: 中国社会科学出版社, 2014.

[3] 王政, 杜芳琴.社会研究选译 [M].北京: 三联书店, 1998.

[4] 田里, 牟红.旅游经济学 [M].北京: 清华大学出版社, 2007.

[5] 谢彦君.基础旅游学 [M].北京: 中国旅游出版社, 2004.

[6] 宁士敏.中国旅游消费研究 [M].北京: 北京大学出版社, 2003.

[7] 吴清津.旅游消费者行为学 [M].北京: 旅游教育出版社, 2006.

[8] 黄润龙.我国出生性别比偏高因素研究及其治理建议 [M].北京: 人民出版社, 2012.

[9] 中共中央关于全面深化改革若干重大问题的决定 [M].北京: 人民出版社, 2013.

[10] 韩湘景.2009—2010年: 中国女性生活状况报告 [M].北京: 社会科学文献出版社, 2010.

[11] 田雪原, 王国强.全面建设小康社会中的人口与发展 [M].北京: 中国人

　　口出版社, 2003.

[12] 吴方桐.社会学教程 [M].武汉：华中师范大学出版社, 1989.

[13] 田雪原.1966中国老年人口社会 [M].北京：中国经济出版社, 1991.

[14] 上海辞书出版社.诸子百家名篇鉴赏辞典 [M].上海：上海辞书出版
　　社, 2003.

[15] 刘长茂.人口结构学 [M].北京：中国人口出版社, 1991.

[16] 马洪, 孙尚清主编.中国人口结构研究 [M].山西人民出版社、中国社会
　　科学出版社, 1986.

[17] 罗明义.旅游经济学（本科版）[M].高等教育出版社, 1999.

[18] 林南枝, 陶汉军.旅游经济学 [M].天津：南开大学出版社, 2000.

[19] 邹树梅.现代旅游经济学 [M].青岛出版社, 2001.

[20] 宁士敏.中国旅游消费研究 [M].北京大学出版社, 2003.

[21] 尹世杰.中国消费结构研究 [M].上海人民出版社, 1988.

[22] 保继刚, 楚义芳, 彭华.旅游地理学 [M].北京：高等教育出版社, 1993.

[23] 钟海生, 郭英之.中国旅游市场需求与开发 [M].广东旅游出版社,
　　2001.

[24] 李培林.中国社会巨变和治理 [M].北京：中国社会科学出版社, 2014.

[25] 林南枝, 陶汉军.旅游经济学 [M].天津：南开大学出版社, 2000.

[26] 李建新.中国人口结构 [M].社会科学文献出版社, 2009.

[27] 黄升民.多种形态的中国城市家庭消费 [M].北京：中国轻工业出版
　　社, 2006.

[28] 国家旅游局政策法规司.旅游抽样调查资料2001.中国旅游出版社,
　　2001.

[29] 国家旅游局政策法规司.旅游抽样调查资料2006.中国旅游出版社,
　　2006.

[30] 国家旅游局政策法规司.旅游抽样调查资料2013.中国旅游出版社，2013.

[31] ［英］阿切尔.旅游需求预测［M］.海口：海南人民出版社，1987.

[32] 德村志成.中国国际旅游发展战略研究——日本客源市场［M］.北京：中国旅游出版社，2002.

[33] 巴里·诺顿.中国经济：转型与增长［M］.上海：上海人民出版社，2010.

[34] ［英］约翰·斯沃布鲁克，苏珊·霍纳.旅游消费者行为学［M］.余慧君等译，电子工业出版社，2004.

[35] 罗宾·科恩，保罗·肯尼迪.全球社会学［M］.文军，等，译.北京：社会科学文献出版社，2001.

[36] 劳伦·勃兰特，托马斯·罗斯基.伟大的中国经济转型［M］.上海：格致出版社，2009.

[37] （美）匹赞姆（Pizam A.）.旅游消费者行为研究［M］.东北财经大学出版社.2005.

[38] Modigliani, F. and Brumberg, R.H. Utility Analysis and the Consumption Function: An Interpretation of Cross-Section Data［M］. Rutgers University Press, 1954.

[39] Kinnaird V H, Hall D.Tourism: A Gender Analysis ［M］.WestSussex：Wiley，1994.

B科技报告

[1] 高永伟.新英汉词典［R］.上海：上海译文出版社，2013.

[2] 吴忠观.人口科学辞典［R］.成都：西南财经大学出版社，1997.

[3] 向洪，等.人口科学大辞典［R］.成都：成都科技大学出版社，1994.

[4] 吴忠观.人口科学辞典［R］.成都：西南财经大学出版社，1997.

［5］向洪, 张文贤, 李开兴.人口科学大辞典［R］.成都: 成都科技大学出版社, 1994.

C.学位论文

［1］丁忆.中国国内旅游消费理论与实证研究［D］.华东师范大学, 2011.

［2］王龙天.我国旅游需求侧的理论和实践研究［D］.河海大学, 2006.

［3］丁鸿琳.人口老龄化对中国经济增长的影响［D］.辽宁大学, 2014.

［4］刘追.我国人口老龄化对经济增长的影响分析［D］.北京交通大学, 2014.

［5］朱宁振.中国人口结构转变对消费结构的影响［D］.西南财经大学硕士论文, 2013.

［6］王洪兰.城市家庭旅游消费研究［D］.山东师范大学硕士学位论文, 2008.

［7］纪相禹.吉林省人口老龄化趋势及影响研究［D］.吉林大学硕士论文, 2013.

［8］姚兴家.吉林省人口老龄化和养老服务对策研究［D］.吉林大学硕士论文, 2013.

［9］王聪.人口老龄化对吉林省居民消费的影响研究［D］.吉林大学硕士论文, 2014.

［10］侯建明.我国出生人口性别比问题研究［D］.吉林大学硕士论文, 2006.

［11］沈奕斐.个体化与家庭结构关系的重构——以上海为例［D］.复旦大学博士论文, 2010.

［12］陈垚宇.吉林省家庭结构现状及变动研究——以六普数据为依据［D］.东北师范大学硕士论文, 2013.

［13］董明.城市满巢期核心家庭子女对家庭消费决策影响力分析——以山

东省烟台市为例[D].西南财经大学硕士论文,2009.

[14]李蕾.基于性别差异的旅游消费行为研究——以来沪旅游者为例
　　　[D].上海师范大学硕士论文,2012.

[15]孔旭红.独生子女旅游问题研究[D].华侨大学硕士论文,2002.

[6]白黎.人口老龄化与老年旅游市场[D].河北大学,2005.

[17]宋艳芹.我国出生人口性别比失衡的治理对策研究[D].山东大学,
　　　2014.

[18]孙锴.我国的人口政策的演变、问题与对策研究[D].山东大学,2013.

[19]沈诗杰.我国城市养老保险现状及比较研究[D].吉林大学,2012.

[20]周旭.我国实行弹性退制度的可行性及难点研究[D].西南财经大学,
　　　2013.

D.期刊中析出的文献

[1]陈树德.人口结构定律及其应用[J].社会科学论坛,2011(09).

[2]许春晓.中国旅游消费研究进展及其主攻方向[J].经济问题探索,1999
　　　(02).

[3]李小芳.旅游消费研究述评[J].市场论坛(南宁),2008(06).

[4]向晶.人口结构调整对我国城镇居民消费的影响[J].经济理论与经济管
　　　理,2013(12).

[5]孙根年,侯芳芳.旅游消费增长对拉动国民消费的贡献:以浙江为例
　　　[J].旅游学刊,2010(10).

[6]贾英.中国6大热点城市入境旅游消费结构比较研究[J].旅游科学,
　　　2008(03).

[7]廖海亚.人口红利:理论辨析、现实困境与理性选择[J].经济学动态,
　　　2012(01).

[8] 孙爱军, 刘生龙.人口结构变迁的经济增长效应分析 [J].人口与经济, 2014 (01).

[9] 刘铠豪, 刘渝琳.破解中国经济增长之谜——来自人口结构变动的解释 [J].经济科学, 2014 (03).

[10] 王颖, 倪超.OECD国家人口转变与经济增长的关系研究 [J].中国人口资源与环境.2013 (05).

[11] 刘欣.储蓄率与经济增长的关系研究 [J].新经济, 2014 (Z2).

[12] 陈建宝, 李坤明.收入分配、人口结构与消费结构: 理论与实证研究 [J].上海经济研究, 2013 (04).

[13] 向晶.人口结构调整对我国城镇居民消费的影响 [J].经济理论与经济管理, 2013 (12).

[14] 方丰.我国人口结构变动对消费影响的实证研究 [J].中国人口.资源与环境, 2013 (S2).

[15] 熊友平.中国城镇居民旅游消费行为发展趋势与应对策略——以浙江为例 [J].生产力研究, 2012 (07).

[16] 刁宗广.中国农村居民旅游消费水平及区域差异研究 [J].地理科学, 2009 (04).

[17] 张丽峰.我国农村居民旅游消费变参数模型研究 [J].旅游论坛, 2010 (08).

[18] 袁宇杰.基于面板模型的城市居民国内旅游消费实证分析 [J].旅游科学, 2011 (08).

[19] 葛梦兰, 魏薇, 王金叶, 等.生态旅游区游客人口统计学特征与旅游偏好研究——以漓江古东景区为例 [J].安徽农业科学, 2009 (22).

[20] 张紫琼, Rob Law, 刘挺.旅游重要性感知、旅游动机与人口特征: 基于香港居民调查数据的实证研究 [J].旅游科学, 2012 (10).

[21]段庆华, 程伟波.旅游人口及与旅游市场关系研究[J].中国高新技术企业, 2009(10).

[22]魏敏.人口流动与旅游收入关系的实证研究[J].财经问题研究, 2006(05).

[23]张丽峰.我国人口结构对旅游消费的动态影响研究[J].干旱区资源与环境, 2015(03).

[24]张金宝.经济条件、人口特征和风险偏好与城市家庭的旅游消费——基于国内24个城市的家庭调查[J].旅游学刊, 2014(05).

[25]陈建宝, 李坤明.收入分配、人口结构与消费结构: 理论与实证研究[J].上海经济研究, 2013.

[26]李一玮.对入境旅游消费结构状况的分析与思考[J].国际经济合作, 2004(07).

[27]郭磊, 胡道华, 郑娜.武汉市家庭旅游行为调查分析[J].湖北文理学院学报, 2013(11).

[28]游喜喜, 张薇.呼和浩特城市出游行为规律[J].内蒙古财经学院学报, 2011(04).

[29]邓晓羽, 孙武军.中国人口年龄结构对消费的影响研究[J].审计与经济研究, 2012(04).

[30]祁鼎, 王师, 邓晓羽, 孙武军.中国人口年龄结构对消费的影响研究[J].审计与经济研究, 2012(04).

[31]王慧媛.国内外家庭旅游文献综述[J].青岛酒店管理职业技术学院学报, 2009(03).

[32]梅林, 陈妍.吉林省人口密度空间格局演变及其形成机制[J].人文地理, 2014(4).

[33]郭磊, 胡道华.城市核心家庭旅游行为分析[J].商业时代, 2012(8):

116-118.

[34] 王跃生.当代中国家庭结构变动分析[J].中国社会科学, 2006（1）:
96-108.

[35] 荣飞琼, 张晓燕.我国人口老龄化与老年旅游的新发展[J].西北人口,
2006（7）.

[36] 盖玉妍.城市家庭变迁下的居民旅游消费价值观取向探讨[J].青海社
会科学, 2012（3）.

[37] 宋萍.析我国家庭规模小型化趋势及其对消费的影响[J].人口学刊,
1998（3）.

[38] 王跃生.当代中国家庭结构变动分析[J].中国社会科学, 2006（1）: 96-
108

[39] 刘宝驹.现代中国城市家庭结构变动研究[J].社会学研究, 2000（6）.

[40] 王昊.城市家庭结构嬗变与文化消费的发展和困境——以沿海经济发
达地区为例[J].经济研究导刊, 2010（5）.

[41] 王跃生.中国城乡家庭结构变动分析——基于2010年人口普查数据
[J].中国社会科学, 2013（12）.

[42] 刘昱.不同家庭结构中旅游决策主要影响者研究——以郑州市家庭
旅游客源市场为例[J].北方经济, 2012（4）.

[43] 张丽峰.我国人口结构对旅游消费的动态影响研究[J].干旱区资源与
环境, 2015（3）.

[44] 江林, 李志兰.家庭结构对家庭消费意愿的影响研究[J].消费经济,
2013（10）.

[45] 皮佳倩.中国家庭结构的变更对我国旅游业的影响初探[J].湖北经济
学院学报, 2007（1）.

[46] 孟霞.当代中国社会人口结构与家庭结构变迁[J].湖北社会科学,

2009（5）.

[47] 李瑞芬, 蒋宗凤.空巢家庭问题探析 [J].北京教育学院学报, 2006（9）.

[48] 郭磊, 胡道华.城市核心家庭旅游行为分析 [J].商业时代, 2012（8）.

[49] 魏立华, 丛艳国.老龄人口旅游空间行为特征及其对旅游业发展的启示 [J].人文地理, 2001（1）.

[50] 杜鹏, 翟振武等.中国人口老龄化百年发展趋势 [J].人口研究, 2005（6）.

[51] 钱凯.我国人口老龄化问题研究的观点综述 [J].经济研究参考, 2010（70）: 43

[52] 余颖, 等.老年旅游者的出游行为决策研究 [J].旅游学刊, 2003（3）.

[53] 钟英莲, 阎志强.大城市老年人闲暇生活的特征及对策 [J].市场与人口分析, 2000（4）.

[54] 尹蔚民.统筹推进城乡社会保障体系建设 [J].求是, 2013（3）: 23.

[55] 王彦斌, 许卫高.老龄化、社会资本与积极老龄化 [J].江苏行政学院学报, 2014（3）.

[56] 衣保中, 张凤龙.吉林省人口老龄化的特点及其对策 [J].人口学刊, 2008（6）.

[57] 李顺芳.论老年人旅游市场拓展策略 [J].闽南职业大学学报, 2004（2）.

[58] 尹豪, 王晓峰.吉林省人口老龄化趋势预测与分析 [J].人口学刊, 1998（8）.

[59] 马瀛通.人口性别比与出生性别比新论 [J].人口与经济, 1994（1）.

[60] 谢晖, 保继刚.旅游行为中的性别差异研究 [J].旅游学刊, 2006（1）.

[61] 唐雪琼, 朱竑.旅游研究中的性别话题 [J].旅游学刊, 2007（2）: 44.

[62] 张凌云.旅游者消费行为和旅游消费地区差异的经济分析[J].旅游学刊, 1999(4).

[63] 张宏梅, 陆林.皖江城市居民旅游动机及其与人口统计特征的关系[J].旅游科学, 2004(4).

[64] 崔庠, 黄安民.居民家庭旅游消费行为初探[J].人文地理, 1995(2).

[65] 石人炳.我国出生性别比变动新特点——基于"五普"和"六普"的数据比较[J].人口研究, 2013(2).

[66] 谷明.我国旅游者消费模式与行为特征分析[J].桂林旅游高等专科学院学报, 2000(4).

[67] 钱凯.我国人口老龄化问题研究的观点综述[J].经济研究参考, 2010(70).

[68] Bruce Prideaux, Eric Laws, Bill Faulkner.Events in Indonesia: exploring the limits to formal tourism trends forecasting methods in complex crisis situations.Tourism Management, 2003(04).

[69] Bloom&Williamson(1998), Demographic transitions and economic miracles in emerging Asia.World Bank Economic Review 12.

[70] Nick Johns, Szilvia Gyímóthy.Postmodern Family Tourism at Legoland[J].Scandinavian Journal of Hospitality and Tourism, 2003(01)

[71] Samuelson P A.An exact consumption-loan model of interest with or without the social contrivance of money[J].Journal of Political Economy, 1958, (66).

E.电子文献（包括专著或连续出版物中析出的电子文献）

[1] 坚定不移沿着中国特色社会主义道路前进, 为全面建成小康社会而奋斗——在中国共产党第十八次全国代表大会上的报告[EB/OL].

（2012-11-19）.新华网：http://www.xj.xinhuanet.com/2012-11/19/c_113722546.htm.

[2]新中国60周年：中国总量适度增长结构明显改善［EB/OL］.（2009-9-15）.中央政府门户网站，http://www.gov.cn/test/2009-09/15/content_1417725.htm.

[3]中华人民共和国统计局数据：http://data.stats.gov.cn/workspace/index?m=hgnd.

[4]国家计生委：我国出生人口性别比实现"六连降"［EB/OL］.（2015-2-4）.新华网：http://news.xinhuanet.com/edu/2015-02/04/c_127455044.htm.

[5]吉林省人口老龄化发展状况分析［EB/OL］.（2012-12-12）.吉林统计信息网http://tjj.jl.gov.cn/tjfx/2008/201212/t20121212_1351264.html

[6]吉林省2013年国民经济和社会发展统计公报［EB/OL］.（2014-03-21）.吉林省统计信息网，http://tjj.jl.gov.cn/tjgb/ndgb/201403/t20140321_1635638.html.

[7]我省第11年提高企业退休人员养老金水平 由320元提高到380元［EB/OL］.（2015-01-17）.长春新闻网http://www.ccnews.gov.cn/zcxw/zcyw/201501/t20150117_1376294.htm.

[8]2013年吉林省国内旅游业运行情况分析［EB/OL］.（2014-03-11）.吉林统计信息网，http://tjj.jl.gov.cn/tjfx/2008/201403/t20140311_1629691.html.

[9]独生子女旅游：山水不再 心情主导［EB/OL］.（2002-12-21）.新华网，http://news.xinhuanet.com/newscenter/2002-12/21/content_666241.htm.

[10]国家统计局.中国统计年鉴（2014）［DB/OL］.（2013-11-1）http://www.stats.gov.cn/tjsj/ndsj/2014/indexch.htm.

[11] 国家统计局.中国劳动统计年鉴（2013）［DB/OL］.（2013-12-1）.http://free.xiaze.com/nianjian/zgldtjnj2013/.

[12] 全国妇联，国家统计局.第三期中国妇女社会地位调查主要数据报告［DB/OL］.（2011-10-21）.国务院新闻办公室新闻发布会材料http://www.china.com.cn/zhibo/zhuanti/ch-xinwen/2011-10/21/content_23687810.htm.

[13] 吉林省将调整居民养老保险基础养老金最低标准.［DB/OL］.（2015-1-15）.新文化网：http://news.xwh.cn/2015/0115/298197.shtml.

[14] 吉林省旅游局.吉林省旅游条例［DB/OL］.（2013-12-5）.吉林旅游政务网：http://www.jlta.gov.cn/dffg/6794.jhtml.

[15] 榆树市人口计生局.榆树市人口计生局六措并举开展"关爱女孩行动"［DB/OL］.（2014-4-3）.吉林省卫生和计划生育委员会，http://wsjsw.jl.gov.cn/wx_43533/tpxw/201404/t20140402_1641453.html.

[16] Wang Feng, Andrew Mason.中国转型过程中的人口因素.载中华人民共和国劳动保险条例［DB/OL］.（2013-12-1）.国务院法制办公室http://fgk.chinalaw.gov.cn/article/xzfg/195301/19530100268767.shtml.

附　录

城市家庭旅游消费调查问卷

感谢您在百忙之中能填写这份问卷。本次调查不用填写姓名，所有回答只用于科研，衷心感谢您的帮助和支持！祝您幸福安康！

一、基本情况

1. 性别：□男　□女

2. 年龄：□25～30岁　□31～35岁　□36～40岁　□41～45岁

□46～55岁　□其他

3. 教育程度：□大专以下　□大专　□本科　□硕士　□博士及以上

4. 职业：□国家政府机关工作人员　□事业单位工作人员

□企业中高层领导者　□国企普通职工　□外资企业普通职工

□私营企业的员工　□个体户　□学校教师　□医务工作者　□其他

5. 您的家庭年收入：□3万元以下　□3万～5万　□5万～10万

□10万～20万　□20万～30万　□30万以上

6. 家庭情况（如有两个或两个以上孩子可在旁边标注）：□无子女

　　□有1个婴儿　　□有1个2～5岁孩子　　□有1个6～12岁孩子

　　□有1个13～18岁孩子　　□孩子读大学　　□孩子结婚并搬出家庭

7. 您是否单亲家庭：□是　　□否

8. 家庭是否有车：□无，但以后会买　　□无，不打算买　　□5万～10万元

　　□10万～20万元　　□20万元以上　　□有车且是按揭

二、旅游消费与决策偏好情况

1. 您的家庭每年出游的次数：□0次　　□1～2次　　□3～4次

　　□5次及以上

2. 您家庭每年一般花费多少钱用于旅游（元）：□1500元以下

　　□1 501元～3 000元　　□3 001元～5 000元　　□5 001元～8 000元

　　□8 001元～10 000元　　□10 001元～20 000元　　□20 000元以上

3. 在旅游过程中您有过刷卡消费吗？　　□有　　□没有

4.（1）您的家庭是否会贷款旅游？　　□会　□不会

　　（2）是否会分期付款旅游？　　□会　□不会

5. 您全家出游时，谁说了算？　　□孩子　　□妻子　　□丈夫

　　□全家人共同协商决定

6. 您的家庭每年都有旅游计划吗？　　□有计划　　□无计划

　　□最后一分钟购买

以下题目为多选题

7. 您全家出游喜欢的旅游方式是：□单位组织　　□家庭单独出游

　　□家庭结伴（孩子年龄相仿）　　□旅行社组织　　□其他

8. 您家庭出游的信息来源是：□旅游小册子　　□航班　　□亲戚朋友

　　□旅游企业　　□网站　　□电子邮件　　□电话服务中心

9. 您认可的营销方式是：□邮寄广告　□人员推销　□媒介广告

　　□公共关系　□口头宣传　□电子邮件广告

10. 下面哪些因素影响您的家庭对旅游的态度：□大众媒介

　　□别人的看法、态度　□自己及家庭成员旅游的感受　□其他

11. 您的家庭每年出游的时段：□黄金周　□工作日　□双休日

　　□带薪假期　□寒暑假　□其他

12. 您全家出游在外停留的时间一般是：□一日游　□在外过1夜

　　□在外过2夜　□在外过3夜　□4～7夜　□8夜以上

13. 您喜欢的交通方式是：□飞机　□渡船　□巡游客船　□自驾车

　　□公共汽车　□火车　□自行车旅游　□背包旅游（徒步）

14. 就国内而言，以下旅游景点中，按您的家庭喜好程度由高到低排序

　　（填数字）：

　　□自然风光（比如山脉、沙滩等）　□城市　□历史古迹

　　□民俗风情　□古镇园林　□宗教场所　□革命圣地

　　□主题公园（含游乐园、动物园、植物园等）

　　□博物馆（含科技馆）

15. 您家庭国内游的动机是：

　　□让孩子长见识、学习教育　□与孩子共享天伦之乐、增进了解

　　□探亲访友　□游览观光　□宗教朝拜　□纯粹放松身心解除疲劳

　　□探险　□孝敬父母

16. 您家庭旅游时选择的住宿设施是：□宾馆/饭店　□经济型酒店

　　□旅馆/招待所　□亲友住宅　□综合度假村　□家庭旅馆

　　□野营地　□其他设施

17. 您家庭外出旅游时就餐偏好：□风味名菜　□地方小吃

　　□著名菜馆酒家　□快餐　□无所谓

18. 当您的家庭有余钱时，会用在：

□存银行 □买保险 □孩子的培训教育 □炒股票

□全家旅游 □投资房地产 □其他

19. 旅游过程中，您一般会购买以下哪些商品：

□旅游纪念品 □名特优产品 □高科技产品 □金银首饰类

□衣服鞋帽等服饰类 □名牌化妆品 □保健品 □地方特色玩具

20. 您家庭出游喜欢的娱乐活动有：

□晚间游娱活动（观看文艺晚会、游园、趣味游戏等）

□各种体育活动（游泳、健身、武术、保龄球、骑马、射击、爬

山、骑车、狩猎等）

□各种文娱活动（摄影、绘画、书法、戏剧、表演、民俗活动等）

□各种社区活动（各类节日庆典、民间游艺活动、深入居民家庭、

学做地方菜、学说各地方言等）

□各类专题旅游（疗养旅游、修学旅游、烹调旅游、武术旅游、宗

教旅游等）

21. 您的家庭中有没有老人旅游的情况，一年有几次？

□0次 □1~2次 □3~4次 □5次及以上

22. 您的家庭中老年人旅游一般选择哪种方式出游？

□独自旅行 □单位组织 □旅行社 □亲朋邀约 □其他

23. 您的家庭中老年人每次旅游平均消费为多少？

□不旅游 □1 000元以下 □1 001元~3 000元 □3 001元~5 000元

□5 001元~8 000元 □8 001元~10 000元 □10 001~2万元

□2万元以上

24.请对最近一次家庭旅游的人均消费结构填写下列表格。

交　通	饮　食	住　宿	游　览	购　物	娱　乐

★25.您的家庭经常外出旅游吗？请填写下表（在您认为合适的选项上打√）

因素	家长	孩子
推力因素		
暂时摆脱单调乏味的日常生活	是 或许 否	是 或许 否
放松	是 或许 否	是 或许 否
与家人共度快乐时光	是 或许 否	是 或许 否
享受美丽的自然风光	是 或许 否	是 或许 否
回归自然	是 或许 否	是 或许 否
提高声望	是 或许 否	是 或许 否
拓宽眼界，增长见识	是 或许 否	是 或许 否
锻炼身体，增进健康	是 或许 否	是 或许 否
建立新的人际关系	是 或许 否	是 或许 否
探险	是 或许 否	是 或许 否
引力因素		
世界文化与自然遗产的魅力	是 或许 否	是 或许 否
良好的大气环境	是 或许 否	是 或许 否
优美的山岳或水体资源	是 或许 否	是 或许 否
旅游目的地令人兴奋	是 或许 否	是 或许 否
显而易见的自由（如主题公园）	是 或许 否	是 或许 否